AF310313

LANGUE ALLEMANDE

EXERCICES

ET

MORCEAUX CHOISIS

A L'USAGE

DES CLASSES DE HUITIÈME ET DE SEPTIÈME

Par L. SCHMITT

Professeur agrégé d'allemand au lycée Condorcet

PRÉCÉDÉS D'UNE

MÉTHODE D'ÉCRITURE ALLEMANDE

Par J. LÉVY

Auteur de la Méthode rationnelle d'écriture allemande
Officier d'académie.

PARIS

SOCIÉTÉ D'IMPRIMERIE ET LIBRAIRIE ADMINISTRATIVES ET CLASSIQUES

PAUL DUPONT

41, RUE JEAN-JACQUES-ROUSSEAU (HÔTEL DES FERMES)

1885

AVANT-PROPOS.

Nous avons tâché de réunir dans ce petit volume les éléments de travail nécessaires pour défrayer les classes de 8e et de 7e, et nous avons été naturellement amené à le diviser en Exercices proprement dits et en Morceaux choisis.

Il nous a paru logique de faire des *Exercices* en allemand et de rompre ainsi avec la tradition qui voue l'enfant au thème à perpétuité : au lieu de condamner l'élève à reproduire sans cesse la pensée d'autrui, nous avons essayé de le faire penser lui-même. Nous l'invitons soit à désigner en allemand des objets qui lui sont familiers, soit à trouver les flexions grammaticales qui répondent à des changements de cas, de nombre et de personne, soit à compléter des phrases très simples par l'addition d'un ou de plusieurs mots que le bon sens suffit à suppléer. Chemin faisant, il appliquera ainsi toutes les règles de la grammaire dont le programme prescrit l'étude pour les classes auxquelles nous nous adressons. Nous avons, comme de raison, suivi notre *Abrégé de grammaire allemande* [1], auquel nous renvoyons au commencement de chaque exercice ou de chaque série.

Les *Textes,* qui forment la deuxième partie du livre, sont destinés à servir d'exercices de traduction, de réci-

---

1. Paul Dupont, 1883.

tation et de narration orale. Grâce à la liste de mots interrogatifs à apprendre par cœur dont nous les faisons précéder, il sera facile d'en faire le sujet de conversations variées. Les principales difficultés d'interprétation sont résolues au moyen de notes dont ces textes sont accompagnés; aussi un simple lexique suffira-t-il à l'élève pour l'aider dans son travail, quelle que soit la tâche à remplir.

M. J. Lévy a bien voulu nous prêter son concours pour les exercices d'écriture. Basant la classification des lettres allemandes sur l'analyse de la forme, il substitue une méthode rationnelle à la méthode purement expérimentale qu'on suit généralement. L'application de cet ingénieux système aura pour résultat d'empêcher les confusions de lettres, en faisant mieux saisir les différences qui existent entre les formes primitives et les formes dérivées.

Nous serions heureux que ce petit livre fût honoré de l'approbation de nos collègues et jugé digne par eux d'être mis entre les mains des élèves des classes élémentaires.

Paris, avril 1885.

SCHMITT.

ÉCRITURE.

Les lettres des deux alphabets, minuscules et majuscules, se divisent en groupes, et chaque groupe a comme dominante une lettre *radicale* dont le caractère se retrouve, soit en entier, soit en partie, dans les lettres qui composent le groupe.

MINUSCULES.

Les lettres minuscules se divisent en cinq groupes ayant pour radicales les lettres : *c, o, v, t, l.*

Groupes.	Radicales.	Dérivées.
1er	c	i, e, n, u, m, d ;
2^e	o	a, q, j, g, p, x ;
3^e	v	w, r, y, z, s final ;
4^e	t	k, s, sz ;
5^e	l	b, f, h.

(Voir les tableaux, pages 2 et 3.)

MAJUSCULES.

Les lettres majuscules forment trois groupes dont les radicales sont les lettres : *O, F, V.*

Groupes.	Radicales.	Dérivées.
1er	O	A, Q, G, X, E ;
2^e	F	C, K, L, B, H, I, J, T ;
3^e	V	P, Y, U, Z, S, R, N, M, W.

La lettre D est neutre, car elle n'emprunte ni ne communique sa forme à aucune lettre.

(Voir les tableaux, pages 4 et 5.)

Tableau de la formation des lettres minuscules.

RADICALES	DÉRIVÉES				
c	i	e	u	n	m	d
c	w	r	y	z	s	
o	a	q	j	g	p	x
t	k	s	sz			
l	b	f	h			

Tableau de la formation des lettres minuscules.

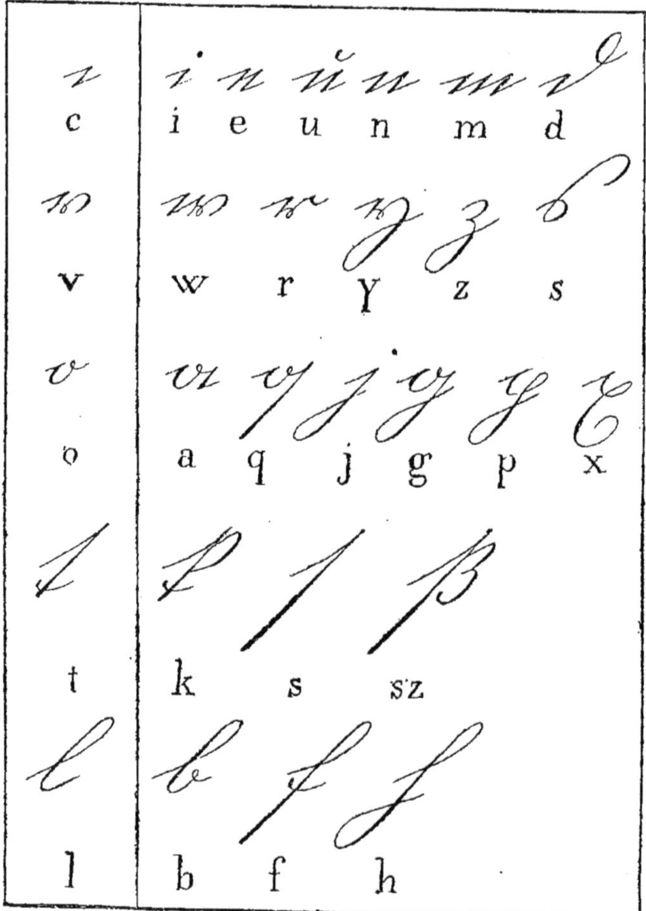

Tableau de la formation des lettres majuscules.

RADICALES	DÉRIVÉES				
O	A	Q	G	E	X
F	C	K	L	B	
	H	I	J	T	
V	W	P	Y	Z	
	U	S	N	M	œ
	R				
D	D				

Tableau de la formation des lettres majuscules.

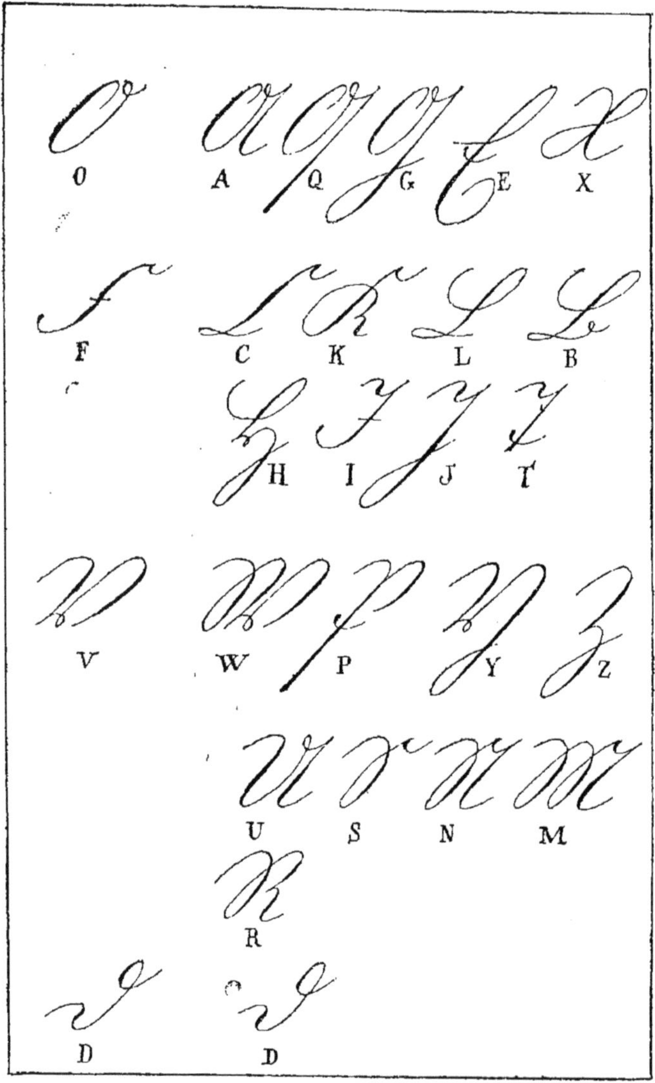

Variantes de certaines lettres simples et composées.

MINUSCULES.

MAJUSCULES.

LETTRES IMPRIMÉES.

MINUSCULES.

Les principes qui régissent la classification des lettres de l'écriture s'appliquent également aux lettres minuscules imprimées qui forment cinq groupes dont les radicales sont : a, *a*; i, *i*; ſ, *l*; o, *o*; ſ, *s*.

Groupes.	Radicales.	Dérivées.
1er	a, a	g, q, c, e, r, x;
2e	i, i	j, u, n, m;
3e	ſ, l	k, t, tz;
4e	o, o	b, d, h, p, v, w, y;
5e	ſ, s	f, z, sz, s final.

(Voir les tableaux, pages 8 et 9.)

MAJUSCULES.

Les lettres minuscules communiquent leur forme aux lettres majuscules correspondantes, qui, malgré leur transformation, conservent le caractère principal de leur origine.

Les lettres majuscules *I* et *J* sont représentées sous une forme identique : J.

(Voir le tableau, page 10.)

Tableau de la formation des lettres imprimées.

MINUSCULES.

RADICALES	DÉRIVÉES				
a	g	q	c	e	r	x
i	j	u	n	m		
l	k	t	tz			
o	b	d	h	p	v
	w	y				
s	f	z	sz	s final		

Tableau de la formation des lettres imprimées.

MINUSCULES.

a	g	q	c	e	r	x
i	j	u	n	m		
]	k	t	tz			
o	b	d	h	p	v	
	w	Y				
s	f	z	sz	s final		

1.

Tableau comparatif des lettres minuscules et des lettres majuscules imprimées.

Diphthongues et leur prononciation.

a   e   i   o   ou   y

ä   ö   ü

è   eu   u

au   äu   ai   ei   eu

ou   eui   ai   aï   eui

EXERCICES
D'ÉCRITURE, DE LECTURE ET DE TRADUCTION.

1. Ameiſe und Grille. — La fourmi et la cigale.

treibst und hast keinen[1]
Rothpfennig.[2]? Die
geht wie in der Fa-
bel, wo die Grille im
Winter zur Ameise
kommt und spricht: "Gib
mir etwas zu essen."
Die Ameise fragt sie:
"Was hast du denn
im Sommer gethan?"
"Gesungen",[3] sagt die

Grille, die Ameise
erwiedert darauf:
"Haſt du im Sommer,
den ich arbeitete, ge-
pfiffen, ſo magſt du
im Winter tanzen."
Und ſie gab ihr
nichts. Haſt du mich
verſtanden, mein
Lieber?

---

1. In's Alter treten, devenir vieux (*littér*. entrer dans la vieillesse).
2. Ein Nothpfennig, des économies, *famil.* une poire pour la soif.
3. Gepfiffen, chanté (*littér*. sifflé).
4. Haſt du *équivaut* à wenn du haſt.

2. Das Haus. — La maison.

Ein Haus ist eine
Wohnung für Men-
schen und Thieren
und zugleich ein Ort,
wo man verschiedene
Sachen vor der Wit-
terung[1] schützt. Ein

Haupttheile eines
Hauses sind das Fun-
dament oder die
Grundmauern, die
Seitenwände und das
Dach. Das Fundament
ist gewöhnlich von
Stein. Die Wände kön-
nen ebenfalls von
Stein oder Backsteinen,
Lehm oder Holz sein.

Die Häuser sind
meistens mit Ziegeln
gedeckt, oft aber
auch mit Schiefer,
Schindeln, Stroh u. s. w.
Zur Schönheit eines
Hauses gehört, daß
es einen gefälligen
Form, große Fenster
und weite Thüren hat.
In einem gut einge‑

reichten Geräumlich=
sehen lichten[3] Zim-
mer und geräumigen
Küchen und Keller
sich befinden. Wer
ein Haus gut bauen
will, muß für einen
tüchtigen Baumeister
und gute Baustoffe
sorgen[4].

---

1. Vor der Witterung, contre les intempéries de l'air.
2. Zur Schönheit, etc., pour qu'une maison soit belle, il faut qu'elle ait...¹(*littér.* il est nécessaire pour la beauté d'une maison qu'elle...).
3. Licht, bien éclairé.
4. Für...sorgen, s'occuper de trouver.

3. Die Wohnstube. — La chambre d'habitation.

Die Stube im Hause,
in welcher die Eltern
und Kinder sich bei
Tage gewöhnlich auf=
halten, heißt die

Wohnstube oder das
Wohnzimmer. Die
Wohnstube hat vier
Wände, einen Fuß=
boden und eine Decke.
In dem Wohnzimmer
befinden sich viele
Dinge, die man von
einer Halle leicht zur
anderen bewegen kann,
z. B. der Tisch, der

Tisch u. s. w.[3] In der
Wohnstube ist ein
Ofen oder ein Kamin.
Es sind die Wände
und Decke derselben
mit Holz getäfelt,
oft aber auch mit
buntem Papier oder
Tapeten beklebt oder[4]
lazinirt.

Zu niedrigen

Wohnstuben wird die Luft bald dumpf und schwül, besonders wenn viele Menschen in denselben sind. Darum muß man oft die Fenster öffnen, damit frische Luft reinkommen kann.

1. Zum Beispiel, par exemple.
2. Und so weiter, et ainsi de suite, *et cætera*.
3. Bunt, de diverses couleurs.
4. Beklebt, couvert (bekleben, couvrir en collant).
5. Dumpf, lourd, vicié.

4. Die Küche. — La cuisine.

Die Küche ist ge-
wöhnlich nahe bei der
Stube. In derselben
wird gekocht. Zur Zu-
bereitung der Spei-
sen braucht die
Mutter oder die

Röhren oder die
Mörser Waffer.
Holz oder Kohlen
zum Feuer und ver-
schiedenen Geräthe,
welche Küchengeräthe
oder Küchengeschirren
heißen. In der Kü-
che ist ein Ofen oder
ein Feuerherd.
Neben demselben

sucht der Schornstein,
durch welchen der
Rauch des Feuers
hinaufzieht.[1] Der
Feuerherd, der Ofen
und der Schornstein
müssen von Zeit zu
Zeit gereinigt oder
gefegt werden.
Der Hut der Schorn-
steinfeger.

1. Hinausziehen, sortir.
2. Von Zeit zu Zeit, de temps en temps.

5. **Räthsel.** — Énigme.

Was heißt das Ding
dort an der Wand?

Es schlägt uns fort
doch keinen Herrn;

Es hängt und geht
doch fort und fort[1]

Es geht und kommt
doch nicht vom Ort[2]

---

1. Geht fort und fort, marche toujours.
2. Nicht vom Ort kommen, ne pas bouger, ne pas avancer.

6. Gottes Fürsorge. — La Providence divine.

Es ist kein Mäuschen
so jung und klein,
Es hat ein liebes Müt-
terlein,
Das bringt ihm manches
Krümchen Brot,
Damit es nicht leidet
Hunger und Noth.

Es ist ein liebes
Vöglein,
Im Walde draußen so
vorn im Klein,
Es hat hein warmes
Federkleid,
Der Hut ihm Regen
und Schnee kein Leid.

Es ist kein bunter
Schmetterling,
Kein Würmchen im
Sommer so gering,
Es findet ein Blümchen,
es findet ein Blatt,
Darin es sich, wird
froh und satt.

2.

Und wer hat das
alles so bedacht?[1]
Der liebe Gott, der
alles macht,
Und sonst auch alles[2]
ordentlich,
Der sorgt auch Tag
und Nacht für mich.[3]

1. *Suppléer* es sein mag, qu'elle soit.
2. Davon ou wovon, dont.
3. Für Einen sorgen, pourvoir aux besoins de quelqu'un.

7. Die Bewohner der Stadt. — Les habitants de la ville.

In der Stadt wohnen viele Handwerker. Da gibt es Bäcker, Bierbrauer, Blechner, Buchbinder, Büchsenmacher, Bürstenmacher, Drechsler, Färber, Gärtner, Gerber, Gießer, Glaser,

Gürtler, Hafner, Hut=
macher, Kammacher,
Korbmacher, Kübler,
Küfer, Kürschner, Mau-
rer; Metzger, Müller,
Putzmacherinnen, Sattler
Schlosser, Schmiede, Schneider,
Schreiner, Schuhmacher, Seiler,
Uhrmacher, Wagner,
Weber, Zimmerleute,
Zuckerbäcker u. s. w.

Außerdem findet man in
Städten noch Buchdrucker,
Buchhändler, Buchbinder,
Advokaten, Lehrer, Aerzte,
Rechtsgelehrte und man-

ihre Beamten, oft auch
Soldaten.

Werden in einer Stadt
allerlei Waaren, z. B.
Tuch, Baumwollengarn
und Baumwollentuch,
Goldwaaren u. s. w. im
Großen verfertigt,[1] so
heißt sie eine Fabrikstadt.
Findet man in einer Stadt
viele Kaufleute, die
großen Handel treiben,
so heißt sie eine Handelsstadt. Paris ist die größte
Fabrik- und Handelsstadt
in Frankreich.

---

1. Werden...verfertigt *équivaut à* wenn...verfertigt werden.

8. **Aufforderung zum Spiel.** — Invitation au jeu.

Der Vogel spielt in
Zweigen,
Es spielt der Fisch im [1]
Bach,
Das Lämmlein auf der
Weide,
Geht spielen Tag zu Tag. [2]
Zum frohen Jugendleben
Gehört [3] wohl auch das
Spiel:
Hinaus, hinaus ins Freien,
ihr gibt der Freuden
viel. [4]

In bunten Rangelreihen
Auf frischem Wiesengrün,
Am Bache, wo die blauen
Die holden Blümchen blühn,
Und in den Blümchenreihen,
Wo milde Rosen stehn,
Da läßt uns Häschen springen
Nach Heimland weiter gehn[5]

---

1. Es spielt der Fiſch *équivaut* à der Fiſch ſpielt.
2. Tag zu Tag, tous les jours (*littér.* de jour en jour).
3. Gehört zu..., convient à...
4. Der Freuden viel *équivaut* à viele Freuden.
5. Weiter geh'n, courir *littér.* aller plus loin).

9. Der Schweindieb. — Le voleur de porc.

Eines Abends kamen
zwei Bärentreiber mit
einem Tanzbären in ein
Dorf und blieben in dem
Wirthshause über Nacht.
Der Wirth hatte aber sein
großes Mastschwein
verkauft und sperrte den

Löwen in den leeren
Schweinstall. Um Mitter-
nacht kam ein Dieb und
wollte das Schwein stehlen.
Er merkte vor allem,
weil vorgegangen war,
nichts, machte beim die
Stallthür auf, ging hinein
und ergriff im Finstern
anstatt des Schweines den
Löwen. Der Löw fuhr
fürchterlich brüllend
auf, zerriss den Dieb mit
seinen gewaltigen Tatzen
und ließ ihn nicht mehr
los.

Der unglückliche Mensch schrie vor Schrecken und Schmerz ganz entsetzlich. Alle Leute in dem Wirthshause erwachten und kamen herbei. Mit vieler Mühe rissen die Löwentreiber den Dieb, blutend und übel zugerichtet, dem grimmigen Thiere aus den Klauen und überlieferten ihn dem Gerichte.

Chr. Schmid

---

1. Tanzbär, ours dressé, ours savant.
2. Ueber Nacht bleiben, passer la nuit.
3. Im Finstern, dans l'obscurité.
4. Auffahren, se lever brusquement.
5. Vor, de.
6. Uebel zugerichtet, en piteux état (*littér*. mal arrangé).

EXERCICES[1].

ARTICLE DÉFINI ET SUBSTANTIF.

I.

§ 7. I. Noms communs et noms propres avec ou sans article défini.

1. Nommer les *objets* qui se trouvent dans une chambre. Exemple : der Stuhl, la chaise.

2. Nommer les différentes parties
  du corps : der Kopf, la tête, etc.
  de la tête : die Stirn, le front, etc.
  d'une maison : das Zimmer, la chambre, etc.
  d'un arbre : der Stamm, le tronc, etc.

3. Indiquer des *substantifs* désignant
  des vêtements : der Hut, le chapeau, etc.
  des mets : die Suppe, la soupe, etc.
  des fruits : der Apfel, la pomme, etc.
  des animaux : das Pferd, le cheval, etc.
  des outils : die Säge, la scie, etc.

4. Citer des noms de *personnes* désignant
  des parents : der Vater, le père, etc.
  une profession : der Bäcker, le boulanger, etc.
  un grade militaire : der Offizier, l'officier, etc.

---

1. Les paragraphes (§) indiqués à côté des titres renvoient à notre *Abrégé de Grammaire allemande.* Paul Dupont, 1883.

5. Citer des noms *abstraits*, c'est-à-dire désignant non des êtres réels et visibles, mais une qualité, un sentiment, une action. Ex. : die Tugend, la vertu; der Schmerz, la douleur; die Nachahmung, l'imitation, etc.

6. Chercher les substantifs contenus dans un ou dans plusieurs des Morceaux choisis allemands contenus dans ce volume, et dire de chaque substantif s'il désigne une *personne*, une *chose* ou une idée *abstraite*.

7. Citer des noms *propres* sans article :
noms d'hommes : Karl, Charles, etc.
de femmes : Luise, Louise, etc.
de villes : Wien, Vienne, etc.
de pays : Frankreich, la France, etc.

8. Citer des noms *propres* avec l'article :
noms de fleuves : der Rhein, le Rhin, etc.
de montagnes : der Aetna, l'Etna, etc.
de peuples : der Franzose, le Français, etc.

9. Citer des noms communs à tous les individus de la même espèce :
noms de mammifères : der Mensch, l'homme, etc.
d'oiseaux : die Schwalbe, l'hirondelle, etc.
de poissons : der Karpfen, la carpe, etc.
de reptiles : die Natter, la couleuvre, etc.
d'insectes : die Fliege, la mouche, etc.
de minéraux : der Marmor, le marbre, etc.
de métaux : das Gold, l'or, etc.

10. Dire le nom commun qui convient à chacun des objets suivants. Ex.: Paris ist eine Stadt, Paris est une ville :

Die Donau, le Danube; London, Londres; Spanien,

l'Espagne; Ludwig, Louis; der Vesuv, le Vésuve; Julie, Julie; das Eisen, le fer; der Kalk, la chaux; das Pferd, le cheval; der Hecht, le brochet; die Taube, le pigeon; die Otter, la vipère; die Schnake, le cousin.

11. Indiquer les noms *propres* et les noms *communs* qui se trouvent dans un ou dans plusieurs des textes allemands contenus dans ce volume.

12. Nommer la matière dont sont faits les objets suivants, d'après cet exemple : die Bank ist von Stein, le banc est de pierre.

Der Tisch, la table; das Messer, le couteau; der Löffel, la cuiller; der Teller, l'assiette; die Flasche, la bouteille; das Hemd, la chemise; der Schuh, le soulier; der Ring, la bague; die Statue, la statue, etc.

II.

§§ 8-16. Déclinaison des substantifs.

13. Remplacer les traits par un *nominatif* d'après le modèle suivant :

Der Fisch schwimmt, le poisson nage.

1. — fliegt, vole. 2. — läuft, court. 3. — kriecht, rampe. 4. — fließt, coule. 5. — arbeitet, travaille. 6. — näht, coud. 7. — redet, parle. 8. — schreit, crie. 9. — brüllt, rugit. 10. — singt, chante. 11. — schreibt, écrit. 12. — lernt, apprend.

14. Former, pour chaque exercice ci-dessus, le *pluriel* de l'article, du substantif et du verbe d'après le modèle suivant :

Die Fische schwimmen, les poissons nagent.

15. Mettre à *l'accusatif* le dernier nom de chaque exercice, d'après le modèle suivant :

Der Pförtner öffnet das Thor, le concierge ouvre la porte (cochère).

1.	Diener — Thüre,	Domestique — porte.
2.	Magd — Fenster,	Servante — fenêtre.
3.	Lehrling — Laden,	Apprenti — boutique.
4.	Schüler — Ohr,	Élève — oreille.
5.	Knabe — Buch,	Garçon — livre.
6.	Kind — Auge,	Enfant — œil.
7.	Mädchen — Hand,	Fille — main.
8.	Eichhorn — Nuß,	Écureuil — noix.
9.	Affe — Mandel,	Singe — amande.
10.	Vogel — Schnabel,	Oiseau — bec.

16. Former, pour chaque exercice ci-dessus, le *pluriel* de l'article, du substantif et du verbe, d'après le modèle suivant :

Die Pförtner öffnen die Thore, les concierges ouvrent les portes (cochères).

17. Mettre au *datif* le premier nom de chaque exercice, d'après l'exemple suivant :

Man gibt der Taube Futter, on donne de la pâture au pigeon.

1.	Pferd — Hafer,	Cheval — avoine.
2.	Kuh — Klee,	Vache — trèfle.
3.	Ochse — Heu,	Bœuf — foin.
4.	Huhn — Gerste,	Poule — orge.
5.	Gans — Welschkorn,	Oie — maïs.
6.	Bettler — Brod,	Mendiant — pain.
7.	Kranke — Arznei,	Malade — médecine.
8.	Hungrige — Speise,	Affamé — nourriture.

9. Kind — Unterricht,   Enfant — instruction.
10. Arbeiter — Lohn,   Ouvrier — salaire.

18. Mettre au *datif pluriel* le premier nom de chaque exercice ci-dessus, d'après le modèle suivant :

Man gibt den Tauben Futter, on donne de la pâture aux pigeons.

19. Mettre au *génitif* le dernier nom de chaque exercice, d'après le modèle suivant :

Der Schmied bedient sich des Hammers, le forgeron se sert du marteau.

1. Schüler — Bleistift,   Élève — crayon.
2. Schreiber — Feder,   Écrivain — plume.
3. Bildhauer — Meißel,   Sculpteur — ciseau.
4. Tischler — Hobel,   Menuisier — rabot.
5. Schneider — Scheere,   Tailleur — ciseaux.
6. Näherin — Nadel,   Couturière — aiguille.
7. Maurer — Kelle,   Maçon — truelle.
8. Fleischer — Messer,   Boucher — couteau.
9. Astronom — Fernrohr,   Astronome — télescope.
10. Maler — Pinsel,   Peintre — pinceau.

20. Même exercice, en mettant tous les mots au pluriel, d'après le modèle suivant :

Die Schmiede bedienen sich der Hämmer, les forgerons se servent des marteaux.

21. Déterminer chaque substantif par un nom au *génitif*. Ex. : das Haus des Nachbars, la maison du voisin; die Häuser der Nachbarn, les maisons des voisins.

1. Buch — Schüler,   Livre — élève.
2. Griff — Messer,   Manche — couteau.
3. Klinge — Schwert,   Lame — épée.

4.	Schloß — Thüre,	Serrure — porte.
5.	Rüssel — Elephant,	Trompe — éléphant.
6.	Stachel — Biene,	Aiguillon — abeille.
7.	Zahn — Hund,	Dent — chien.
8.	Bett — Kranke,	Lit — malade.
9.	Thor — Stadt,	Porte — ville.
10.	Stab — Wanderer,	Bâton — voyageur.
11.	Gewehr — Soldat,	Arme — soldat.
12.	Bewohner — Land,	Habitant — pays.

22. Compléter chaque substantif mis en évidence par des noms au génitif, et distinguer le sens *propre* et le sens *figuré*, d'après le modèle suivant :

Der Kopf eines Menschen, eines Berges, einer Stecknadel, la tête d'un homme, d'une montagne, d'une épingle.

Arm — Mensch, Fluß, Wage; Bras — homme, fleuve, balance.

Fuß — Thier, Tisch, Hügel, Pied — animal, table, colline.

Rücken — Pferd, Messer, Buch, Dos — cheval, couteau, livre.

Augen — Luchs, Suppe, Pfauenfeder, Yeux — lynx, soupe, plume de paon.

Zähne — Maus, Säge, Kamm, Dents — souris, scie, peigne.

Bart — Mann, Feder, Schlüssel, Barbe — homme, plume, clef.

Blatt — Baum, Buch, Tisch, Feuille — arbre, livre, (dessus de) table.

Hahn — Kirchthurm, Faß, Flinte, Coq — clocher, (cannelle de) tonneau, (chien de) fusil.

23. Chercher les substantifs contenus dans un ou dans plusieurs des textes allemands contenus dans ce volume, et en indiquer le *genre*, le *nombre* et le *cas*.

III.

§ 7, II. **Article indéfini.**

24. Remplacer dans chaque exercice le singulier par le pluriel, d'après l'exemple suivant :

Der Hund ist ein Hausthier, die Hunde sind Hausthiere, le chien est un animal domestique, les chiens sont des animaux domestiques.

1. Die Wachtel ist ein Zugvogel, la caille est un oiseau de passage.

2. Die Maus ist ein Nagethier, la souris est un rongeur.

3. Hier steht ein Haus, ici s'élève une maison.

4. Dort fliegt ein Vogel, là-bas vole un oiseau.

5. Der Schüler macht eine Aufgabe, l'élève fait un devoir.

6. Das Pferd zieht einen Wagen, le cheval traîne une voiture.

25. Compléter les phrases indiquées ci-dessous d'après l'exemple suivant :

Aus Holz macht man Tische, Schränke, Bänke, etc.; avec du bois on fait des tables, des armoires, des bancs, etc.

1. Aus Eisen —,	Avec du fer —.
2. Aus Gold —,	Avec de l'or —.
3. Aus Tuch —,	Avec du drap —.
4. Aus Leder —,	Avec du cuir —.
5. Aus Hanf —,	Avec du chanvre —.
6. Aus Mehl —,	Avec de la farine —.

26. Compléter les phrases indiquées ci-dessous, d'après l'exemple suivant :

Bringt uns Wein, Waſſer, Fleiſch und Brod; apportez-nous du vin, de l'eau, de la viande et du pain.

1. Der Jäger kauft —,   Le chasseur achète —.
2. Der Tiſchler braucht —, Le menuisier a besoin —.
3. Der Gerber verkauft —, Le tanneur vend —.
4. Die Pferde freſſen —,   Les chevaux mangent —.
5. Das Kind trinkt —,   L'enfant boit —.
6. Die Bergwerke liefern —, Les mines produisent —.

IV.

§ 35. Adjectifs démonstratifs.

27. Remplacer, dans les exemples ci-dessous, l'article par dieſer, jener, d'après le modèle suivant :

Dieſer Baum iſt groß, jener Baum iſt klein; cet arbre-ci est grand, cet arbre-là est petit. Dieſe Bäume ſind groß, jene Bäume ſind klein.

1. Der Schüler iſt fleißig,   der Schüler iſt träge.
2. Das Haus iſt hoch,   die Hütte iſt niedrig.
3. Die Straße iſt breit,   die Gaſſe iſt ſchmal.
4. Die Quelle iſt warm,   die Quelle iſt kalt.
5. Das Faß iſt voll,   der Krug iſt leer.
6. Die Birne iſt ſüß,   der Apfel iſt ſauer.

V.

§ 37. Adjectifs interrogatifs et exclamatifs.

28. Former des phrases interrogatives, en remplaçant les mots en évidence par les adjectifs welcher, welche,

welches, ou was für ein, was für eine, was für ein ou simplement was für, selon le sens.

Ex.: Stille Waſſer ſind tief; welche Waſſer ſind tief? Was iſt das für Holz? Was für Vögel ſind das?

1. Dieſes Buch will ich leſen.
2. Das Land will ich durchreiſen.
3. Das iſt ſpaniſcher Tabak.
4. Heute iſt ſchönes Wetter.
5. Die Fleiſchſuppe iſt kräftig.
6. Dieſer Fluß iſt tief.
7. Das iſt ein Reitpferd.

29. Former des phrases exclamatives avec welch ein, was für ein.

Ex.: Welch ein Ungeheuer! Was für ein Ungeheuer!

Das iſt ein Unglück, eine Freude, eine Schande, ein, Gedränge. — Das iſt eine herrliche Landſchaft, ein breiter Fluß, ein ſchönes Haus, eine gute Mutter, ein artiges Kind, ein ſtilles Thal.

VI.

§ 20. I. **Adjectifs qualificatifs.**

30. Nommer des qualités qui tombent sous les sens (qualités physiques).

Ex.: Der Schnee iſt weiß.

Das Blei. Das Gold. Die Kirſche. Das Waſſer. Das Eis. Das Blut. Das Mehl. Das Wachs. Das Licht. Der Eſſig. Das Salz. Der Zucker.

31. Nommer des qualités qui ne tombent pas sous les sens (qualités morales).

Ex. : Der tapfere Soldat, le brave soldat.

Der Lehrer. Der Schüler. Der Freund. Der Bürger. Der Maler. Der Arbeiter. Der Richter. Der Christ. Der König.

32. Ajouter à chacun des noms suivants un *adjectif* désignant la couleur.

Ex. : Die Kohle ist schwarz, le charbon est noir.

Die Lilie. Die Rose. Das Veilchen. Die Citrone. Die Erdbeere. Der Wolf. Der Bär. Der Himmel. Das Silber. Der Rubin. Das Blatt.

33. Qualifier chacun des noms ci-après par un adjectif désignant la forme et les dimensions (longueur, largeur, hauteur, épaisseur, etc.).

Ex. : Der runde Tisch, la table ronde.

Der Stuhl. Die Straße. Der Strom. Der Kirchthurm. Das Thal. Der Berg. Der Baum. Der Degen. Das Kind. Der Elephant.

34. Trouver des adjectifs formant des attributs invariables.

Ex. : Dieses Land ist fruchtbar, diese Länder sind fruchtbar.

Die Schlange. Diese Frau. Der Mensch. Das Zimmer. Die Flasche. Das Kleid. Dieser Hut. Jenes Pferd. Ein Buch. Das Fenster.

VII.

§ 20. **Déclinaison de l'adjectif qualificatif.**

35. Décliner : Der dankbare Sohn; der fromme Mann; der treue Hund; der wachsame Hirt; der berühmte Philosoph. — Die moderne Sprache; die hohe Pappel; die große

Stadt. — Das schöne Bild; das edle Pferd; das zarte Gefühl; das schreckliche Gespenst; das gute Herz.

36. Décliner, en mettant au pluriel mehrere (plusieurs) devant l'adjectif: Ein hübscher Garten; ein lahmer Fuß; ein milder Fürst. — Eine tödtliche Kugel; eine ungeheure Kraft. — Ein häßliches Laster; ein fröhliches Spiel; ein fettes Huhn.

37. Déclinez: Mein neuer Rock; deine schwere Aufgabe; sein altes Kleid; unser gütiger Lehrer; eure grüne Wiese; ihr friedliches Dorf.

38. Décliner: der Blinde, die Blinde; der Gelehrte, die Gelehrte; der Gesandte; der Reisende; das Schöne; das Nützliche. — Ein Wilder; eine Deutsche; ein Gefangener, eine Gefangene.

39. Changer l'adjectif attribut en adjectif *épithète*.

Ex.: Das Wetter ist schön; das schöne Wetter.

Der Mensch ist sterblich.

Der Wald ist grün.

Der Sturm ist heftig.

Die Frau ist schwach.

Die Thüre ist offen.

Die Katze ist falsch.

Das Haus ist alt.

Das Auge ist blau.

Das Bett ist weich.

40. Remplacer l'article défini par l'article indéfini.

Ex.: Der dürre Ast; ein d ü r r e r Ast.

Der hungrige Löwe.

Der brave Sohn.

Der enge Schuh.

Die lehrreiche Fabel.

Die prächtige Blume.

Die giftige Beere.

Das scharfe Schwert.

Das ängstliche Kind.

Das heitere Lied.

41. Supprimer l'article devant l'adjectif.

Ex. : Das frische Brod; frisches Brod.

Der rothe Wein.

Der weiße Käse.

Der schwarze Faden.

Die gesalzene Butter.

Die feine Wolle.

Die graue Seide.

Das trübe Wasser.

Das rohe Fleisch.

Das grobe Salz.

42. Former le *pluriel*, d'après l'exemple suivant :

Der reife Apfel; die reifen Aepfel.

Der schattige Platz.

Der harte Stein.

Dieser eiserne Ofen.

Die finstere Wolke.

Die spitzige Lanze.

Diese warme Stube.

Das nützliche Gewächs.

Das leere Faß.

Jenes arme Land.

43. Former le *pluriel*, d'après l'exemple suivant :

Ein fetter Ochs; fette Ochsen.

Ein träger Esel.

Ein scharfer Zahn.

Ein kurzer Tag.

Eine schlanke Tanne.

Eine eßbare Frucht.

Eine goldene Uhr.

Ein graues Haupt.

Ein hartes Metall.

Ein langes Ohr.

44. Mettre à l'accusatif le nom et l'adjectif, d'après l'exemple suivant: Man soll den tugendhaften Mann ehren, on doit honorer l'homme vertueux; man soll die tugend=haften Männer ehren.

Bewundern : der tapfere Krieger.

Brechen : der reife Apfel.

Meiden : die unnützliche Gefahr.

Preisen : die schöne That.

Treffen : das rechte Mittel.

Pflegen : das kranke Kind.

45. Mettre au *datif* le nom et l'adjectif, d'après l'exemple suivant : Gott gebe dem verheerten Lande Frieden, den verheerten Ländern Frieden! Que Dieu donne la paix au pays dévasté, aux pays dévastés!

Nahrung : der erschöpfte Pilger.

Ruhe : die arme Kranke.

Schutz : das verwaiste Kind.

46. Mettre au *génitif* le nom et l'adjectif, d'après l'exemple suivant : Mir gefällt der Anblick des grünen Feldes, der grünen Felder, j'aime (littér. à moi plaît) l'aspect de la verte campagne, des vertes campagnes.

Die Gestalt : die schlanke Lilie.
Der Duft : das liebliche Veilchen.
Der Gesang : der lustige Vogel.
Das Dunkel : der schattige Wald.
Der Glanz : der stille Mond.
Der Klang : das helle Horn.

47. RÉCAPITULATION. — Chercher, dans un ou dans plusieurs des textes allemands contenus dans ce volume, tous les articles, tous les substantifs et tous les adjectifs, quels qu'ils soient, et en indiquer le *genre,* le *nombre* et le *cas.*

VIII.

§§ 23-25. Degrés de comparaison.

48. Former des *comparatifs d'égalité*, d'après l'exemple suivant : Der Hehler ist so (eben so) strafbar als der Dieb, le receleur est aussi coupable que le voleur.

1. Der Tiger ist stark.
2. Dieses Haus ist hoch.
3. Das Eisen ist nützlich.
4. Das Wasser ist hell.
5. Die Biene ist fleißig.

49. Former des *comparatifs d'infériorité*, d'après l'exemple suivant : Das Kupfer ist minder (weniger ou nicht so) schwer als das Gold, le cuivre est moins lourd que l'or.

1. Das Blei ist kostbar.
2. Paris ist bevölkert.
3. Fritz ist arbeitsam.

4. Die Seine ist breit.

5. Der jetzige Winter ist kalt.

50. Former des *comparatifs de supériorité*, d'après l'exemple suivant : Der Fasan ist größer als das Reb=huhn, le faisan est plus grand que la perdrix.

1. Der Adler ist stark.

2. Frankreich ist fruchtbar.

3. Dieser Fluß ist groß.

4. Die Sonne ist glänzend.

5. Der Diamant ist hart.

6. Das Silber ist leicht.

7. Mein Bruder ist jung.

8. Die Pest ist furchtbar.

51. Former des *superlatifs absolus*, d'après l'exemple suivant : Das Reh ist sehr (recht, höchst, äußerst) flink, le chevreuil est très agile.

1. Der Hase ist furchtsam.

2. In Asien sind hohe Berge.

3. Dieses Fleisch ist schmackhaft.

4. Die Fledermaus hat ein schwaches Gesicht, aber große Ohren.

5. Diese Flüsse sind fischreich.

6. Branntwein ist ein starkes Getränk.

52. Former des *superlatifs relatifs*, d'après l'exemple suivant : Der Löwe ist das furchtbarste Raubthier, le lion est le plus redoutable carnassier.

1. Der Amazonenfluß ist ein breiter Strom.

2. Wasser ist ein gesundes Getränk.

3. Der Strauß ist ein großer Vogel.

4. Der Kolibri ist ein kleiner Vogel.

5. Das Gold ist ein kostbares Metall.

6. Der Diamant ist ein schöner Edelstein.

53. Remplacer, dans les exercices ci-dessous, les traits par des comparatifs et des superlatifs, d'après l'exemple suivant : Der Montblanc ist sehr hoch; der Montblanc ist viel höher als der Mont Cenis; der Montblanc ist der höchste Berg in Europa.

1. Sein Sinn ist hoch, aber seine Thaten sind noch — als sein Sinn. Gesundheit ist das — Gut.

2. Der Mond ist ein naher Weltkörper; der Mond steht uns — als der Abendstern; der Mond ist der — Weltkörper.

3. Dein Rath ist gut, der seinige aber ist —. Karl ist mein — Freund.

4. Er kennt viel ou viele Leute. Er hat — Glück als Verstand. Die — Menschen sind für das Schöne empfindlich.

5. Er hat wenig ou wenige Freunde. Du zeigst — Fleiß als sonst. Dieser Schüler zeigt die — Aufmerksamkeit.

54. Distinguer les trois degrés de comparaison dans les phrases suivantes :

1. Gute Lehrer machen nicht immer gute Schüler.

2. Dieser Tisch ist so lang als breit.

3. Er will besser sein, als Andere.

4. Der Fuchs ist ein sehr schlaues Thier.

5. Afrika ist minder bevölkert als Asien.

6. Italien hat ein milderes Klima als Deutschland.

7. Quito ist die höchste Stadt in der Welt.

8. Der Fasan ist einer der schönsten Vögel.

9. Du bist und bleibst mein bester Freund.

10. Die feuchtesten Wiesen sind nicht immer die besten für das Vieh.

11. Meine nächsten Verwandten sind gestorben.

12. Rufe deinen jüngeren Bruder.

IX.

§§ 26-32. **Noms de nombre.**

55. Écrire en toutes lettres les nombres : 12 — 23 — 146 — 537 — 1099 — 1884 — 36,911 — 610,438 — 2,381,792.

56. Écrire en toutes lettres : Ich gehe in die 8. Klasse. Er geht ins 9., ins 12. Jahr. Den 16. Oktober werde ich 10 Jahre alt. Ich wohne im 3. Stock. Es sind noch 16 Jahre bis zum Ende des 19. Jahrhunderts. Ludwig XIV. ist einer der berühmtesten Könige von Frankreich.

57. Écrire en toutes lettres : Das Wasser bedeckt etwa $2/3$ der Erde. Es wird bald $3/4$ schlagen. Meine Mutter hat mir einen $1/2$ Apfel zum Abendessen gegeben. Willst du die $1/2$, das $1/3$ dieses Brodes? $30/30$ oder 1 ist dasselbe. Geben Sie mir $1\tfrac{1}{2}$ Meter Tuch und $2\tfrac{1}{2}$ Meter Leinwand.

X.

§ 39. **Pronoms personnels.**

58. Mettre le pronom et le verbe au *pluriel*, d'après l'exemple suivant : Ich spiele, wir spielen.

Ich folge. Ich lerne. Ich sage. Ich schreibe. Ich habe. Ich wache. Ich bin frei. Ich bin ein Kind. Ich werde groß. Ich bin vergnügt.

59. Mettre le pronom et le verbe au *pluriel*, d'après l'exemple suivant : Du spielest, ihr spielet (spielt). (Employer les mêmes verbes que ci-dessus.)

60. Mettre le pronom et le verbe au *pluriel*, d'après l'exemple suivant: Er (sie, es) spielt, sie spielen. (Employer les mêmes verbes que ci-dessus.)

61. Former des phrases où les trois personnes du pronom personnel soient employées à l'*accusatif*, d'après l'exemple suivant : Gott prüft mich, dich, ihn, sie, es, uns, euch, sie.

1. Mein Vater erwartet —. 2. Der Arzt heilt —. 3. Der Spiegel vergrößert —. 4. Der Lehrer belohnt —. 5. Es hungert —.

62. Former des phrases où les trois personnes du pronom personnel soient employées au *datif*, d'après l'exemple suivant : Diese Wiese gehört mir, dir, ihm, ihr, uns, euch, ihnen.

1. Dieses Thal gefällt —. 2. Was fehlt —? 3. Gott hilft —. 4. Mein Bruder ruft —. 5. Es wird — kalt.

63. Former des phrases où les trois personnes du pronom personnel soient employées au *génitif*, d'après l'exemple suivant : Er gedenkt meiner, deiner, seiner, ihrer, unser, euer, ihrer.

1. Gott erbarme sich —. 2. Man bedarf —. 3. Dieser Knabe spottet —. 4. Der Vater im Himmel hat — noch nie vergessen. 5. Ein hartes Schicksal harret —.

64. Employer les pronoms dans un sens réfléchi, d'après l'exemple suivant :

Ich freue mich;	Ich schade mir selbst;
du freuest dich;	du schadest dir selbst;

er, sie, es freuet sich;   er, sie, es schadet sich selbst;
wir freuen uns;   wir schaden uns selbst;
ihr freuet euch;   ihr schadet euch selbst;
sie freuen sich.   sie schaden sich selbst.

1. Ich schäme mich. 2. Ich fürchte mich nicht. 3. Ich irre mich oft. 4. Ich getraue mir. 5. Ich bilde mir ein.

XI.

§ 38. **Pronoms possessifs.**

65. Changer les adjectifs possessifs mis en évidence en pronoms possessifs, sans répéter les noms, d'après l'exemple suivant : Mein Haus ist größer als das deinige (das deine, deines).

1. Meine Aufgabe ist leichter als deine Aufgabe.
2. Dein Bett ist kleiner als mein Bett.
3. Ihre Angelegenheiten sind meine Angelegenheiten.
4. Thut eure Pflicht; wir wollen unsere Pflicht thun.
5. Ich finde unsere Lage glücklicher als ihre Lage.
6. Unser Garten ist kleiner als euer Garten.

XII.

§ 35. **Pronoms démonstratifs.**

66. Former des propositions exprimant le contraire de celles qui se trouvent ci-dessous, d'après l'exemple suivant : Dieser lacht, jener weint.

1. Dieser ist stark.
2. Dieses (dies) ist ein Flußfisch.
3. Diese ist schön.
4. Diese sind tugendhaft.

67. Employer derjenige, diejenige, dasjenige, diejenigen aux cas voulus, d'après l'exemple suivant : Die nützlichsten Thiere sind diejenigen, welche man Hausthiere nennt.

1. Der beste Thee ist —, welchen man aus China bezieht.
2. Die reinsten Quellen sind —, welche aus hohen Bergen entspringen.
3. Ich gebe es —, der es verdient hat.
4. Gott belohnt —, der tugendhaft ist.
5. Spotte nicht —, welche unglücklich sind.
6. Wohl —, die dieses nicht erlebt haben.

XIII.

§ 36. Pronoms relatifs.

68. Employer der, die, das et welcher, welche, welches aux cas voulus, d'après l'exemple suivant : Paris ist der Ort, den ich bewohne.

1. Es ist derselbe Mann, — ich gestern begegnet bin.
2. Die Kinder, — keine Eltern mehr haben, heißen Waisen.
3. Die Eiche ist der schönste Baum, — in unsern Wäldern wächst.
4. Süß ist die Luft, — man hier athmet.
5. Wie liebreich war der Freund, — Tod ich beweine!
6. Die Vögel, — man Zugvögel nennt, fliegen truppenweise.
7. Die Herren, — er dient, sind hartherzig gegen ihn.
8. Achill und Ulysses sind die Helden, — Thaten Homer verewigt hat.

69. Employer **wer** et **was** aux cas voulus, d'après l'exemple suivant : Wer ſchuldig iſt, muß bezahlen.

1. — zu viel ſagt, ſagt nichts.
2. — einmal trinkt, trinkt immer.
3. — nicht zu rathen iſt, iſt auch nicht zu helfen.
4. Ich weiß, — ich zu thun habe.
5. Sage offen, — du mich anklagſt.
6. Wähle, — du willſt.

XIV.

§ 37. **Pronoms interrogatifs.**

70. Former des phrases interrogatives en employant les pronoms interrogatifs **wer** ou **was**, d'après l'exemple suivant : Wer hat das geſagt? Was hat er geſagt?

1. Die Mutter erzieht das Kind.
2. Die Fabel ergötzt den Knaben.
3. Mein Bruder gleicht mir.
4. Dieſes Haus iſt mein.
5. Seinen Vater liebt er am meiſten.
6. Er bedarf eines guten Raths.

71. Former des phrases interrogatives en employant le pronom interrogatif **welcher, welche, welches,** d'après l'exemple suivant : Welcher von dieſen Knaben hat es geſagt?

1. — von dieſen Büchern wollen Sie?
2. — iſt ſein rechter Name?
3. — iſt die ſchönſte Blume?
4. — von beiden gehört dieſes?
5. Da kreuzen ſich drei Wege; — ſoll ich wählen?

XV.

§ 40. Pronoms indéfinis.

72. Compléter les phrases suivantes en employant les *pronoms indéfinis* : man, jemand, niemand, jedermann, d'après les exemples suivants : Man soll nicht lügen. Das ist jedermann bekannt. Es ist jemand da. Es war niemand da.

1. — kann alles was — will, wenn — will was — kann.
2. Das ist — bekannt.
3. Das ist nicht — Sache.
4. Er kennt — in dieser Stadt.
5. Es ist — Regenschirm stehen geblieben.
6. Fast — ist mit seinem Loos zufrieden.
7. Die Nacht ist — Freund.

73. RÉCAPITULATION. — Trouver dans un ou dans plusieurs des textes allemands contenus dans ce volume les différents pronoms qui y figurent, et en indiquer l'*espèce*, le *genre*, le *nombre* et le *cas*.

LE VERBE.

XVI.

§§ 42-44. Verbes auxiliaires.

74. Ajouter au verbe sein des attributs adjectifs ou des attributs substantifs, tels que : groß, klein, reich, arm, gesund, krank, stark, schwach, glücklich, unglücklich; ein Franzose, ein Schweizer, eine Italienerin, Kaufmann, Arzt, etc. Conjuguer ainsi un ou plusieurs temps du verbe, ou bien former différentes personnes de différents temps.

75. Ajouter au verbe **haben** des compléments directs
à l'accusatif, tels que : Recht, Unrecht, Hunger, Durst,
einen Leib, eine Seele, zwei Augen, zwei Ohren; Kopf-
weh, kein Geld, nicht Zeit. Conjuguer ainsi un ou plusieurs temps du verbe, ou bien former différentes personnes de différents temps.

76. Ajouter au verbe **werden** des attributs adjectifs
ou substantifs, tels que : fröhlich, traurig, trocken, naß,
frei; Soldat, Baumeister, Lehrer, etc.

XVII.

§ 46. Verbes faibles. Voix active.

77. Former des phrases avec le verbe au présent, au
moyen des mots ci-dessous :
1. Müdigkeit — lähmen — Fuß.
2. Lügner — läugnen — Vergehen.
3. Landmann — mähen — Wiese.
4. Müßiggänger — haffen — Arbeit.
5. Gott — beherrschen — Welt.
6. Gewissen — beunruhigen — Sünder.
7. Gewitter — reinigen — Luft.
8. Schüler — machen — Aufgabe.
9. Adler — rauben — Lamm.
10. Holzhauer — fällen — Baum.
(Mettre le sujet, le verbe et le complément au pluriel,
chaque fois que cela est possible.)

78. Former des phrases avec le verbe aux différents
temps du passé, au moyen des mots ci-dessous :
1. Metzger — kaufen — Schwein.
2. Quelle — liefern — Wasser.

3. Arzt — retten — Kranke.
4. Kutscher — putzen — Wagen.
5. Frühling — erfreuen — Herz.
6. Gärtner — verkaufen — Blume.
7. Pest — entvölkern — Land.
8. Meister — loben — Gesell.
9. Knabe — lernen — Lection.
10. Mutter — küssen — Kind.

(Mettre le sujet, le verbe et le complément au pluriel, chaque fois que cela est possible.)

79. Former des phrases avec le verbe aux temps du futur, au moyen des mots ci-dessous :

1. Magd — spülen — Geschirr.
2. Ackermann — pflügen — Feld.
3. Postbote — bestellen — Brief.
4. Reiter — spornen — Pferd.
5. Knabe — hüten — Schaf.
6. Ihr — binden — Garbe.
7. Wir — bezahlen — Schuld.
8. Sie — verfolgen — Feind.
9. Er — wässern — Wiese.
10. Ich — verdienen — Geld.

(Mettre le sujet, le verbe et le complément au pluriel, chaque fois que cela est possible.)

80. Mettre au présent le verbe des phrases suivantes :

1. Der Frost hat die Pflanzen zerstört.
2. Der Vogel hat ein Nest gebaut.
3. Die Schüler werden die Geschichte aufsagen.
4. Ich werde dir ein Mährchen erzählen.
5. Der Wein hat den Trinker berauscht.

6. Der Knabe hat ein Handwerk erlernt.
7. Trost hat das Unglück gemildert.
8. Der Hirt wird das Vieh weiden.
9. Das Geschenk hat das Kind erfreut.
10. Die Stürme haben die Bäume entlaubt.

81. Mettre à l'impératif, en les employant aux différentes personnes, les verbes des phrases suivantes :

1. Lachen — der Gefahr.
2. Beruhigen — den Vater.
3. Zertheilen — das Fleisch.
4. Retten — den Bedrängten.
5. Gedenken — des Todes.
6. Danken — dem Wohlthäter.
7. Glauben — an Gott.
8. Trauen — dem Ehrlichen.
9. Hassen — das Laster.
10. Pflegen — den Kranken.

XVIII.

§ 48. Verbes faibles. Voix passive.

82. Convertir la forme active en forme passive, en changeant le complément direct de l'actif en sujet, et le sujet de l'actif en complément indirect (avec von ou durch), conformément au modèle ci-dessous :

Der Regen befruchtet die Erde, la pluie féconde la terre; die Erde wird von dem (vom) Regen befruchtet.

1. Der Hund bewacht das Haus.
2. Der Wolf erwürgt das Lamm.
3. Der Fuchs holt die Hühner.
4. Die Sonne beleuchtet die Erde.

5. Der Lehrer tadelt den trägen Schüler.

6. Der Blitz tödtet oft Menschen.

7. Kolumbus hat Amerika entdeckt.

8. Der Hagel zernichtet die Ernte.

9. Der Gerichtsdiener fesselt den Verbrecher.

10. Der Gärtner pflückt die Blumen.

83. Reprendre les phrases de l'exercice ci-dessus, et mettre les verbes à l'imparfait, au passé indéfini, au plus-que-parfait et au futur.

XIX.

§§ 61-69. Verbes forts.

84. Mettre au *singulier* :

1. Was schlagt Ihr mich?

2. Die Augen sehen.

3. Die Krieger sterben.

4. Die Herren befehlen.

5. Die Thiere fressen.

6. Die Kinder schlafen.

7. Warum schelten Sie mich?

8. Sie vergessen uns.

9. Warum verbergt ihr euch?

10. Die Ströme schwellen.

85. Mettre à l'*imparfait* :

1. Die Brunnen gefrieren.

2. Die Tage wachsen.

3. Die Mädchen flechten Kränze.

4. Der Nordwind bläst gewaltig.

5. Der Schnee schmilzt auf den Bergen.

6. Die Bäume verlieren ihre Blätter.

7. Der Feind flieht.

8. Die Vögel schweigen im Gebüsch.

9. Der Reiter verschwindet aus meinen Augen.

10. Die Henne sitzt auf dem Nest.

86. Mettre au *passé indéfini :*

1. Die Schlacht beginnt.

2. Die Bürger streiten für ihren Herd.

3. Der Tag kommt.

4. Die Nacht weicht.

5. Das Mittel hilft.

6. Der Schüler besinnt sich.

7. Das Obst fällt von den Bäumen.

8. Er singt ein schönes Lied.

9. Ich trinke Wein mit Wasser.

10. Der Schütze trifft seinen Gegner.

XX.

§ 71. Verbes irréguliers.

87. Mettre les présents à l'*imparfait* et au *passé indéfini :*

1. Abel bringt sein Opfer dar.

2. Ich nenne meinen Sohn Karl.

3. Er thut seine Pflicht.

4. Du kennst ihn.

5. Der Unvorsichtige rennt in sein Verderben.

6. Wer sendet dich hin?

7. Das Blatt wendet sich.

8. Der Bote bringt mir einen Brief.

9. Ich denke nicht daran.

10. Das Licht brennt noch.

XXI.

§ 72. **Auxiliaires de mode.**

88. Mettre au *singulier* :

1. Die Flebermäufe fönnen fliegen.
2. Fönnt ihr beutfch?
3. Dürfen wir fpazieren gehen?
4. Ihr bürft jetzt nicht fpielen.
5. Sie mögen Recht haben.
6. Ihr möget fagen, was Ihr wollt.
7. Wir müffen unfere Aufgabe machen.
8. Wiffet Ihr, was gefchehen ift?
9. Wir wiffen es nicht.
10. Sie wollen nicht, aber fie müffen.

XXII.

§ 56. **Verbes séparables et inséparables.**

89. Mettre à l'*indicatif présent*, à l'*imparfait* et au *passé indéfini* les verbes suivants, séparables ou inséparables selon le sens, et compléter le sens de chaque verbe par un nom ou par un pronom :

1. Durchgehen, parcourir; burchgehen, traverser.
2. Durchfchauen, pénétrer; burchfchauen, voir à travers.
3. Ueberfahren, passer sur le corps; überfahren, passer, traverser.
4. Uebertreten, transgresser; übertreten, passer du côté de quelqu'un.
5. Umgehen, tourner, éluder; umgehen, avoir commerce (avec quelqu'un);
6. Umfchreiben, circonscrire; umfchreiben, transcrire;

7. Unterstehen (sich), oser;   unterstehen, se mettre à
                                   l'abri.
8. Unterhalten, entretenir;   unterhalten, tenir dessous.
9. Wiederholen, répéter;   wiederholen, chercher de
                                 nouveau.

XXIII.

§§ 78-80. Prépositions.

90. Remplir les lacunes par des prépositions.

1. Die Rose erfreut uns — ihren lieblichen Duft.
2. Wir stehe Alle — Einen, und Einer — Alle.
3. Das Heer zieht — den Feind aus.
4. Er macht eine Reise — die Welt.
5. Das hat er — meinen Willen gethan.
6. — Licht und Wärme können die Pflanzen nicht gedeihen.

91. Remplir les lacunes par des prépositions.

1. — dem Regen kommt Sonnenschein.
2. Vereinigen Sie Ihre Bitten — den meinigen.
3. Er kommt — dem Garten.
4. Ich wohne — meinem Vater.
5. Mein Bruder ist — drei Monaten krank.
6. Das Kind will nicht — mir kommen.
7. Nimm deinen Hut — dem Kopfe.

92. Compléter la préposition par un datif ou par un accusatif, selon le sens.

1. Der Schüler geht in —; er lernt viel Nützliches in —.
2. Der Vogel fliegt auf —; er sitzt auf —.
3. Stelle den Stuhl an —; der Stuhl steht an —.
4. Er trägt einen Mantel über —; Thränen rollen
    über —.

5. Der Schwimmer taucht unter —; man kann unter — nicht athmen.

6. Der Feind lagert vor —; wir wohnen vor —.

7. Er setzte sich neben —; ich sitze neben —.

8. Der Jäger lauert hinter —; er stellt sich hinter —.

9. Es ist ein großer Unterschied zwischen —.

10. Wenn die Erde zwischen — und — tritt, so gibt's eine Mondfinsterniß.

93. Remplir les lacunes par des prépositions.

1. — des Lohnes erntet man oft nur Undank ein.

2. Er wird — seiner guten Eigenschaften geachtet.

3. Die Ameise sammelt Vorrath — des Sommers.

4. Ich erkannte ihn — seiner Mummerei.

XXIV.

§ 81. Conjonctions.

94. Remplir les lacunes par des conjonctions.

1. Ich lerne lesen — schreiben.

2. Er ist arm, — ehrlich.

3. Wir konnten weder vorwärts — rückwärts gehen.

4. Nicht Reichthum, — Tugend macht glücklich.

5. Wir müssen sterben — siegen.

6. Er muß das Zimmer hüten, — er ist sehr krank.

7. Ehre deine Eltern, — du lange lebest auf Erden.

8. Ich weiß, — du mein Freund bist.

9. Ludwig der Vierzehnte war minderjährig, — er den Thron bestieg.

10. Ich freue mich, — ich dich sehe.

11. Wer weiß, — das wahr ist?

12. Fliehe den Müßiggang, — er die Quelle vieler Laster ist.

XXV.

§§ 76-78. **Adverbes.**

95. Remplir les lacunes par des adverbes.

1. Heute stark, — im Sarg.
2. Der Speicher ist oben im Hause, der Keller —.
3. Der Mensch kann dem Tode — entgehen.
4. Gott ist —.
5. Der Wolf ist ein — gefräßiges Thier.
6. Wie — kostet dieses Buch?
7. Das Veilchen duftet —.
8. Gehe — mit dem Feuer um.
9. Man richtet nicht — in seiner eignen Sache.
10. Der Wind bläst —.

96. Mettre les adverbes au *superlatif relatif* :

1. Dieses Stück spielt er gut.
2. Im Winter sind die Nächte lang.
3. Im Dezember sind die Tage kurz.
4. Die Hunde, die viel bellen, beißen wenig.
5. Das schlimmste Rad am Wagen knarrt arg.
6. Meine Uhr geht richtig.
7. Den Homer lese ich gern.

XXVI.

§ 92. **Noms de mesure.**

97. Remplacer l'unité par un nombre quelconque.

1. Ein Buch Papier.
2. Ein Pfund Brod.
3. Ein Paar Handschuhe.
4. Eine Elle Leinwand.
5. Ein Dutzend Messer.

6. Eine Flasche Wein.

7. Ein Faß Wein.

8. Ein Glas Zuckerwasser.

9. Ein Klafter Holz.

10. Das Fenster ist einen Fuß breit.

XXVII.

§ 105. **Son, sa, ses, dont.**

98. 1. Die Mutter liebt — Kind, — Kinder.

2. Der Wind war so heftig, daß nichts seiner Gewalt widerstehen konnte.

3. Wer seinen Bruder liebt, wird seine (des Bruders) Kinder nicht ungekleidet lassen.

4. Ich lese gern Bücher, — (dont) Inhalt mich belehrt.

5. Es ist derselbe Mann, — (dont) ich mit Ihnen gesprochen habe.

6. Kennst du das Metall, — (dont) dieser Ring gemacht ist?

7. Die Arbeit, — (dont) er sich beschäftigt, ist eine sehr schwere.

8. Gewinnreich ist das Handwerk, — (dont) er lebt.

9. Du hast mir einen Dienst geleistet, — (dont) ich dir sehr dankbar bin.

10. Ich bewunderte die Art, — (dont) er seine Sache vortrug.

En, y.

99. 1. Leihe mir Geld, wenn du — (en) hast.

2. Vergebt euern Feinden, wenn ihr — (en) habt.

3. Er ist von einem Hirnfieber befallen worden, und ist — (en) gestorben.

4. Wenn man ihm einen Gefallen erweist, ist er sehr
   dankbar — (en).
5. Das Schloß ist schön; wer ist — (en) Eigenthümer?
6. Behalte dein Geld, ich bedarf — (en) nicht.
7. Ich habe die Schweiz besucht, und komme soeben —
   (en).
8. Er sieht so wild aus, daß man sich — (en) fürchtet.
9. Der trostlose Sohn beweint seinen Vater und denkt
   Tag und Nacht — (y).
10. Er besitzt ein schönes Vermögen; aber man weiß nicht,
    wie er — (y) gekommen ist.

XXVIII.
§§ 83-88. Construction.

100. Traduire le verbe français, et le mettre à sa
place.
1. Der Mensch soll (être) edel, hülfreich und gut.
2. Der Verbrecher bekennt, daß er (est) schuldig.
3. Die Fische werden (pris) mit Angeln und Netzen.
4. Der Vater freut sich, daß sein Sohn (est) fleißig.
5. Um gesund zu bleiben, man (doit) mäßig leben.
6. Obgleich verwundet, er (combattit) noch lange.
7. Obschon der Strauß mit Flügeln versehen ist, er (peut)
   doch nicht fliegen.
8. Diese Schwämme sind eßbar. (Changer cette proposition affirmative en proposition interrogative.)
9. Wenn das Wetter (reste) beständig, die Ernte (de-
   viendra) ausgiebig.
10. Er (a avoué) sein Verbrechen, folglich er (sera con-
    damné).

Mots interrogatifs. (*A apprendre par cœur* [1].)

Wer? qui?

Weſſen? de qui?

Wem? à qui?

Wen? qui?

Was? quoi? qu'est-ce qui? qu'est-ce que?

Welcher, welche, welches? quel, quelle? lequel, laquelle?

Was für ein, was für eine? quel, quelle? (*désignant l'espèce.*)

Wie? comment? combien?

Wieviel? combien?

Wie lange? combien de temps?

Wo? où? (*sans mouvement.*)

Wodurch? par où? par quoi? par quel moyen?

Wofür? pour quoi?

Woher? d'où?

Wohin? où? (*avec mouvement.*)

Womit? avec quoi?

Wonach? après quoi? d'après quoi?

Woran? à quoi?

Worauf? sur quoi?

Worein? dans quoi? où? (*avec mouvement.*)

Worin? en quoi? dans quoi? (*sans mouvement.*)

Worüber? sur quoi? de quoi?

Worunter? sous quoi?

Wovon? de quoi?

Wozu? à quoi? dans quel but?

---

1. Cette liste comprend les principaux mots interrogatifs. Il importe que les élèves se familiarisent le plus tôt possible avec ces mots, afin de pouvoir répondre aux questions que le professeur pourra être amené à leur adresser à propos des textes vus en classe.

11 [1]. Räthsel. — Énigme.

Es [2] saßen vierzehn Spatzen
Auf meines Nachbars Dach;
Der Jäger schoß darnach,
Da fielen sieben Spatzen.
Nun sag', soll ich dich loben [3],
Wieviel noch sitzen droben?

12. Die beiden Pflugscharen. — Les deux socs de charrue.

Ein Landmann kaufte zwei neue Pflugscharen. Die eine von ihnen brauchte er täglich im Felde; die andere ließ er müßig im Winkel [4] stehen. Eines Tages sah das Knäblein des Landmannes die Pflugschar, die im Winkel stand, rief den Vater und sprach: „Sieh doch, Vater, diese Pflugschar ist ganz rostig, und die am Pfluge ist hell und rein und glänzt so schön wie Silber und ist doch täglich in der Erde gelaufen." Da sagte der Vater: „Sieh, mein Kind, beide waren anfangs gleich. Das Müßiggehen aber hat diese also verunstaltet. Die am Pfluge [5] dagegen hat die Arbeit [6] vor dem Roste bewahrt und sie so schön gemacht, daß sie nun glänzt wie Silber."

Lessing.

---

1. *Voir les dix premiers textes en tête du volume.*
2. Es, *sujet explétif, ne se traduit pas.*
3. Soll ich dich loben *équivaut à* wenn ich dich loben soll.
4. Im Winkel, *dans un coin.*
5. Die am Pfluge, *celui qui était à la charrue.*
6. Die Arbeit, *sujet de la proposition.*

13. Der kleine Nestausnehmer. — Le petit dénicheur d'oiseaux.

Es [1] stieg ein Büblein auf einen Baum,
So hoch, man sah es kaum.
Es schlüpfte
Von Ast zu Aestchen,
Es hüpfte
Zum Vogelnestchen;
Hei, da lacht es.
Ei, da kracht es,
Plumps, da lag es drunten!

14. Die Nuß. — La noix.

Unter dem großen Nußbaume, nächst dem Dorfe, fanden zwei Knaben eine Nuß. „Sie gehört mir", rief Ignaz, „denn ich habe sie zuerst gesehen." — „Nein, sie gehört mir!" schrie Bernhard, „denn ich habe sie aufgehoben." Beide geriethen in einen heftigen Streit [2].

„Ich will den Streit ausmachen", sagte ein größerer Junge, der eben dazu kam. Er stellte sich in die Mitte der beiden Knaben, machte die Nuß auf und sprach: „Die eine Schale gehört dem, der die Nuß zuerst sah; die andere Schale gehört dem, der sie aufhob; den Kern aber behalte ich — für den Urtheilsspruch."

---

1. Es, sujet explétif, ne se traduit pas.
2. Beide geriethen 2c., la discussion dégénéra en querelle violente (*litter*. tous deux en vinrent à une dispute violente).

„Das", setzte er lachend hinzu, „ist das gewöhnliche Ende der meisten Prozesse."

> Wer Freude hat am Prozessiren [1],
> Wird statt Gewinnes stets verlieren.

Ch. Schmid.

15. Der Knabe und der Schmetterling. — L'enfant et le papillon.

1. Schmetterling,
Kleines Ding,
Sage, wovon du lebst,
Daß du nur stets in Lüften schwebst [2]?
„Blumenduft, Sonnenschein,
„Das ist die Nahrung mein [3]."

2. Der Knabe, der wollt' ihn fangen,
Da bat er mit Zittern und Bangen:
„Lieber Knabe, thu' es nicht!
Laß mich spielen im Sonnenlicht.
Eh' vergeht das Abendroth,
Lieg' ich doch schon kalt und todt."

Hey.

16. Der Esel in der Löwenhaut. — L'âne vêtu de la peau du lion.

Ein entlaufener [4] Esel fand im Walde zufällig die Haut eines Löwen. Er steckte sich in dieselbe und setzte Menschen und Thiere in Schrecken. Sein Herr suchte ihn überall. Als der Esel seinen Herrn erblickte, fing er an auf fürchterliche

---

1. Am Prozessiren Freude haben, aimer les procès.
2. Daß du nur 2c., pour ne faire que voltiger dans les airs.
3. Die Nahrung mein *pour* meine Nahrung.
4. Entlaufen, échappé (de chez son maître).

Weise [1] zu brüllen; er wollte auch diesen täuschen. Aber sein Herr packte ihn an [2] den Ohren und sprach: „Andere magst du täuschen; bei mir wird es dir nicht gelingen; ich kenne dich, mein lieber Langohr [3]!" Er gab ihm mit diesen Worten eine tüchtige Tracht Schläge [4] und trieb ihn wieder nach Hause.

Nach Aesop.

17. Kukuk und Esel. — Le coucou et l'âne.

Der Kukuk und der Esel, die hatten beide Streit,
Wer [5] wohl am besten sänge zur schönen Maienzeit.
„Ich kann es!" sprach der Kukuk und hub gleich an [6] zu schrei'n.
„Ich aber kann es besser!" fiel gleich der Esel ein [7].
Das klang so schön und lieblich, so schön von fern und nah';
Sie sangen alle beide: Kukuk! Kukuk! Ya!

18. Die Bienen und der Bär. — Les abeilles et l'ours.

Ein Schwarm Bienen hatte seine Wohnung in einem hohlen Baume aufgeschlagen [8] und baute darin seine Waben und sammelte fleißig Honig. Ein Bär entdeckte den Honig und gab sich alle Mühe, ihn den Bienen zu rauben; allein seine Bemühungen waren fruchtlos. Lüstern sah er von

---

1. Auf fürchterliche Weise, d'une manière terrible.
2. An, par.
3. Langohr, Aliboron.
4. Eine tüchtige Tracht Schläge, une bonne volée de coups de bâton.
5. Hatten Streit, wer..., se disputaient à qui....
6. Hub an, prétérit de anheben, commencer.
7. Fiel ein, prétérit de einfallen, attaquer sa partie (*musique*).
8. Seine Wohnung aufschlagen, établir sa demeure.

unten[1] ihrem Fleiße zu und mißgönnte[2] ihnen ihren Honig.

Dann rief der neidische Bär den Bienen zu: „O ihr Einfältigen! wie mögt ihr euch doch so unablässig bemühen, euern wenigen Honig in so kleinen Tröpfchen zu sammeln! Ihr habt für eure Mühe doch nur geringen Lohn. Ich hätte dazu[3] nicht die Geduld."

Ihm antworteten die Bienen: „Unser Lohn ist gerade groß genug. Weil aber der Herr[4] die Geduld zu sammeln nicht hat, darum leckt er auch im Winter an den leeren Tatzen, während wir uns nach Belieben[5] unseres gesammelten Vorraths bedienen."

19. Räthsel. — Énigme.

Nun, Kinder, sollt ihr rathen,
Auf einen Kameraden[6],
Der, wo ihr geht und wo ihr steht,
Getreulich immer mit euch geht.
Bald lang und schmal, bald kurz und dick,
Folgt er euch jeden Augenblick,
Doch nur so lang[7] die Sonne scheint;
Denn nur so, Kinder, ist's gemeint[8]:
Wo weder Sonne scheint, noch Licht,
Ist auch der Kamerade nicht.

---

1. Von unten, d'en bas.
2. Mißgönnen, envier.
3. Dazu, pour cela.
4. Der Herr, monsieur.
5. Nach Belieben, à notre gré.
6. Auf einen Kameraden, quel est le camarade.
7. So lang, aussi longtemps que.
8. Nur so ist's gemeint, il est bien entendu que.

20. Die Quelle und der Wanderer. — La source et le voyageur.

Ein Wanderer kam im heißesten Sommer[1] zu einer frischen Quelle. Er war schnell und lange gegangen; der Schweiß stand[2] auf seiner Stirne, und seine Zunge war vor Durst fast vertrocknet. Da sah er das silberhelle Wasser, glaubte hier neue Kräfte zu sammeln[3] und trank. Aber der rasche Wechsel zwischen Hitze und Kälte[4] wirkte schädlich auf ihn und er sank zu Boden. „Ach, schändliches Gift!" rief er; „wer hätte unter einem so reizendem Anscheine eine solche Bosheit vermuthet?" — „Ich ein Gift?" sprach die Quelle, „wahrlich, du verleumdest mich. Sieh, die Flur rund herum[5] grünt und lebt durch mich. Von mir tränken sich die Heerden. Tausende deiner Brüder fanden hier Erfrischung und Labe=trunk. Nur Uebermaß und Unvorsichtigkeit von deiner Seite machten den Genuß dir schädlich. Ich bin schuldlos an[6] deinen Schmerzen; selbst an deinem Tode, wenn er erfolgen sollte, würde ich's sein."

Lessing.

21. Das A=B=C. — L'alphabet.

Rathe, was ich hab' vernommen:
Es sind achtzehn Gesellen in's Land gekommen,
Alle schön und säuberlich,
Doch keiner einem andern glich,

---

1. Im heißesten Sommer, au fort de l'été.
2. Stand, perlait (*littér.* se tenait).
3. Sammeln, puiser (*litt.* amasser).
4. Der rasche Wechsel 2c., la brusque transition de la chaleur au froid.
5. Rund herum, tout à l'entour.
6. Schuldlos an..., innocent de....

All' ohne Fehler und Gebrechen;
Nur konnte keiner ein Wörtlein sprechen.
Und damit man sollte sie versteh'n,
Hatten sie fünf Dolmetscher mit sich geh'n [1];
Das waren hochgelehrte Leut'!
Der erst' erstaunt, reißt's Maul auf weit [2];
Der zweite wie ein Kindlein schreit;
Der dritte wie ein Mäuslein pfiff;
Der vierte wie ein Fuhrmann rief;
Der fünfte gar wie ein Uhu thut:
Das waren ihre Künste gut [3].
Damit erhoben sie ein Geschrei;
Füllt noch die Welt, ist noch nicht vorbei [4].

22. Die Kornähren. — Les épis de blé.

Ein Landmann ging mit seinem kleinen Sohne auf den Acker hinaus, um zu sehen, ob das Korn bald reif sei. „Siehe, Vater," sagte der unerfahrene Knabe, „wie aufrecht [5] einige Halme den Kopf tragen! Die müssen wohl recht vornehm [6] sein; die andern, die sich so tief vor ihnen bücken, sind gewiß viel schlechter [7]."

Der Vater pflückte ein paar Aehren ab und sprach: „Thörichtes Kind, da sieh' einmal! Diese Aehre hier, die sich so

---

1. Mit sich geh'n, *pour* die mit ihnen gingen, qui les accompagnaient (*litt.* qui allaient avec eux).
2. Das Maul weit aufreißen, ouvrir la bouche toute grande.
3. Ihre Künste gut, leur talent.
4. Vorbei sein, être passé.
5. Aufrecht, droit.
6. Recht vornehm, de qualité supérieure.
7. Viel schlechter sein, valoir bien moins.

stolz in die Höhe streckte[1], ist ganz taub und leer; diese aber,
die sich so bescheiden neigte, ist voll der schönsten Körner."

Trägt einer[2] gar so hoch den Kopf,
So ist er wohl ein eitler Tropf[3].

23. Gleich und Gleich gesellt sich gern. — Qui se ressemble s'assemble.

Ein Blumenglöckchen[4]
Vom Boden hervor
War früh gesprosset
Im lieblichen Flor[5];
Da kam ein Bienchen
Und naschte fein[6]; —
Die müssen wohl beide
Für einander sein.

Göthe.

24. Der schwarze Mann. — L'homme noir.

(*Énigme.*)

In meinem Zimmer hält sich Tag und Nacht ein schwarzer
Mann auf. Der hat gar sonderbare Eigenschaften an sich[7].
Füße besitzt er keine; er hat nur einen Arm, den er aber weit
hinausstreckt. Während andere Leute im Winter frieren, will

---

1. Sich in die Höhe strecken, se dresser.
2. Trägt einer *équivaut à* wenn einer trägt.
3. Ein eitler Tropf, un fat.
4. Blumenglöckchen, fleurette.
5. Flor, parure (*litt.* floraison).
6. Naschte fein, la suça avidement.
7. Der hat 2c., c'est un être bien étrange (*litt.* celui-ci a des qualités bien singulières en lui).

der schwarze Mann fast vor Hitze vergehen[1]; im Sommer dagegen, wenn draußen recht warm die Sonne scheint, ist er kalt wie Eis. Manchmal zeigt er einen Hunger, der fast nicht zu stillen ist; er ißt aber weder Fleisch, noch Brod, noch Gemüse, sondern seine Lieblingsnahrung ist Holz, Kohlen u. s. w.[2] Zuweilen fängt er auch an zu rauchen; sein Tabak ist aber so schlecht, daß man sogleich die Fenster aufmacht, wenn er diesem Vergnügen sich hingibt, und schleunig dafür sorgt, daß[3] er wieder zu rauchen aufhört.

25. Die Frösche. — Les grenouilles.

Ein großer Teich war zugefroren;
Die Fröschlein, in der Tiefe verloren,
Durften nicht ferner quacken[4] und springen,
Besprachen sich[5] aber im halben Traum,
Fänden sie[6] nur da oben Raum,
Wie Nachtigallen wollten sie singen.
Der Thauwind kam, das Eis zerschmolz;
Nun ruderten[7] sie und landeten stolz
Und saßen am Ufer weit und breit[8]
Und quackten, wie vor alter Zeit[9].

Göthe.

---

1. Will vergehen, *trad.* vergeht.
2. U. s. w., *pour* und so weiter.
3. Dafür sorgen, daß..., faire en sorte que....
4. Durften nicht ferner quacken, ne pouvaient continuer à coasser.
5. Besprachen sich, se disaient.
6. Fänden sie *équivaut à* wenn sie fänden.
7. Rudern, nager (*litt.* ramer).
8. Weit und breit, partout.
9. Vor alter Zeit, jadis.

5.

26. Die Tanne und der Dornstrauch. — Le sapin et le buisson d'épines.

Die Tanne sah verächtlich den Dornstrauch an und sprach: „Ich erhebe mein Haupt bis zu den Sternen; ich liefere Balken zu [1] Schlössern und Masten zu Schiffen; du aber, elender Dornstrauch, kriechst auf dem Erdboden herum und taugst zu gar nichts [2]!“ Der Dornstrauch sah bescheiden zur Tanne empor und antwortete: „Ich will mich ja auch nicht mit dir messen; aber sage mir einmal aufrichtig, wenn der Zimmermann kommt und unter euch sein Bauholz aussucht, möchtest du dann nicht lieber ein Dornstrauch als eine Tanne sein?“

27. Du sollst Vater und Mutter ehren. — Père et mère honoreras.

Ehr' deine Eltern spät und früh!
Dank' ihnen ihre [3] Lieb' und Müh'!
Dann wird dir's wohl auf Erden geh'n [4],
Dann wirst du Gottes Himmel seh'n.

So war auf seiner Erdenbahn
Den Eltern Jesus unterthan [5]:
Er, dessen Stuhl die Himmel sind,
War einst gehorsam als ein Kind [6].

---

1. Zu, pour.
2. Zu nichts taugen, n'être propre à rien.
3. Dank' ihnen ihre...., sois-leur reconnaissant de leur...
4. Es wird dir wohl gehen, tu seras heureux (*litt.* cela ira bien pour toi).
5. Unterthan, soumis.
6. Als ein Kind, étant enfant.

28. Der Sperling und die Taube. — Le moineau et le pigeon.

Ein Knabe hatte einen Sperling gefangen und sah dann auf dem Dache eine Taube. „Die ist besser[1]," dachte er, ließ den Spatzen wieder fliegen und stieg auf das Dach, um dafür[2] die Taube zu fangen. Diese aber wartete nicht, sondern flog davon. Da saß der Knabe ohne Sperling und ohne Taube traurig auf dem Dache und gedachte des Sprüchwortes:

Besser ein Sperling in der Hand, als eine Taube auf dem Dache[3].

29. Neujahrswunsch. — Souhait de bonne année.

Ich hätte dir viel zu sagen,
O gute Mutter, heut;
Ich wüßte dir viel zu wünschen,
Was dich und mich erfreut.

Ja, könnt' ich es nur sagen,
Wie's um das Herz mir ist[4]!
Du weißt's ja aber viel besser,
Wie theuer du mir bist.

Und wenn du mich immer liebest
Und ich lieb' immer dich:
Nichts Schöneres kann ich wünschen,
Nichts Besseres für dich und mich.

---

1. Besser sein, valoir mieux.
2. Dafür, en échange.
3. En français: un bon tiens vaut mieux que deux tu l'auras, *ou:* l'alouette en main vaut mieux que l'oie qui vole.
4. Wie's um das Herz mir ist, ce que mon cœur éprouve.

30. Wiegenlied. — Berceuse.

Die Aehren nur noch nicken[1],
Das Haupt ist ihnen schwer;
Die müden Blumen blicken
Nur schüchtern noch umher.

Da kommen Abendwinde
Still wie die Engelein,
Und wiegen sanft und linde
Die Halm' und Blumen ein[2].

Und wie die Blumen blicken,
So schüchtern blickst du nun,
Und wie die Aehren nicken,
Will auch dein Köpfchen ruh'n.

Und Abendklänge schwingen
Still, wie die Engelein,
Sich um die Wieg'[3] und singen
Mein Kind in Schlummer ein[4].

Hoffmann von Fallersleben.

31. Die unkluge Maus. — La souris imprudente.

Eine Maus kroch[5] aus ihrem Loche und sah eine Falle. „Aha!" sagte sie, „da steht eine Falle. Die klugen Menschen[6]! Da stellen sie mit drei Hölzchen einen schweren Ziegel auf=

---

1. Nur noch nicken, ne font plus que se pencher.
2. Einwiegen, endormir en berçant.
3. Und Abendklänge c., et les bruits du soir, doux et légers comme la voix des anges, viennent murmurer autour du berceau.
4. In Schlummer einsingen, endormir (*litt.* endormir en chantant).
5. Kroch, de kriechen, se glissa (*litt.* rampa).
6. Die klugen Menschen! Que les hommes sont fins (*ironique*)!

recht[1], und an eines der Hölzchen stecken sie ein Stückchen Speck. Das nennen sie dann eine Mausfalle. Ja, wenn wir Mäuschen nicht klüger wären! Wir wissen wohl: wenn man den Speck fressen will, klapps[2]! fällt der Ziegel um und schlägt den Näscher todt. Nein, nein, ich kenne eure List."

„Aber," fuhr das Mäuschen fort[3], „riechen darf man schon daran. Vom bloßen Riechen kann die Falle nicht zufallen[4]. Und ich rieche doch den Speck für mein Leben gern[5]. Ein bißchen riechen muß ich d'ran!"

Es lief unter die Falle und roch an dem Specke. Die Falle war aber ganz lose gestellt[6], und kaum berührte es mit dem Näschen den Speck, klapps! so fiel sie zusammen, und das lüsterne Mäuschen war zerquetscht.

Grimm.

32. Die Feder. — La plume.

„Feder, das ist nicht schön von dir[7],
Daß du so ungeschickt bist bei mir[8];
Schreibst mit der Schwester so schön und geschwind;
Bei mir es nur Hühnertrappen[9] sind.
Komm, Feder, und gib dir rechte Müh'[10],
Daß ich auch so schön schreiben kann als sie."

---

1. Aufrecht stellen, dresser.
2. Klapps! patatras!
3. Fortfahren, continuer.
4. Vom bloßen ec., le seul fait de flairer ne peut pas faire tomber la tuile (*litt.* par le simple flairer la souricière ne peut pas se fermer).
5. Ich rieche…. für mein Leben gern, j'aime à la folie sentir….
6. Die Falle war ganz lose gestellt, la tuile se tenait à peine d'aplomb (*litt.* la souricière était tendue d'une manière tout à fait lâche).
7. Das ist nicht schön von dir, ce n'est pas bien à toi.
8. Bei mir, entre mes mains (*litt.* chez moi).
9. Hühnertrappen, pattes de mouche (*litt.* empreintes de poule).
10. Sich rechte Mühe geben, se donner bien de la peine.

Die Feder sagte nicht ein Wort;
Sie machte still ihre Striche fort [1].
Das Kind auch führte [2] sie ganz sacht
Bei jedem Buchstaben mit Bedacht;
Bald standen alle die Zeilen da,
Daß jeder d'ran seine Freude sah [3].

33. Untreue. — Déloyauté.

Eine Maus wäre gern über einen Teich gekommen [4] und konnte nicht. Da bat sie einen Frosch um [5] Rath und Hülfe. Der Frosch war ein Schelm und sprach zur Maus: „Binde deinen Fuß an meinen Fuß, so will ich schwimmen und dich hinüberziehen." Da sie aber auf's Wasser gekommen waren, tauchte der Frosch unter und wollte die Maus ertränken. Indem nun aber die Maus sich wehrt und arbeitet [6], fliegt ein Weih daher [7], erhascht die Maus, zieht den Frosch auch mit heraus und — frißt sie beide.

Untreue schlägt ihren eignen Herrn [8].

Wer andern eine Grube gräbt, fällt selbst hinein [9].

Nach Aesop.

---

1. Fortmachen, continuer de faire.

2. Führen, manier.

3. Daß jeder 2c., que c'était plaisir à voir.

4. Ueber einen Teich kommen, passer de l'autre côté d'un étang.

5. Jemand um etwas bitten, demander quelque chose à quelqu'un.

6. Sich wehrt und arbeitet, se débat de toutes ses forces (*litt.* se débat et travaille).

7. Daherfliegen, arriver (en volant).

8. Untreue 2c., toute perfidie retombe sur son auteur (*litt.* la perfidie frappe son propre maître).

9. Wer andern 2c., tel cuide engeigner autrui, qui souvent s'engeigne lui-même (*litt.* celui qui creuse une fosse pour d'autres, y tombe lui-même). Variantes: Tel qui croit prendre est pris; qui tend un piège s'y prend le premier; tel s'en va chercher de la laine qui revient tondu.

34. Der Kohlkopf. — La tête de chou.

Zwei Handwerksburschen, Joseph und Benedikt, gingen einst an einem Krautgarten vorbei[1]. „Siehe doch," sagte Joseph, „was das für schöne Krautköpfe sind," denn so nannte er die Kohlköpfe. „Ei," sagte Benedikt, der gerne prahlte[2], „die sind gar nicht groß; auf meiner Wanderschaft[3] habe ich einmal einen Krautkopf gesehen, der war so groß als der Pfarrhof dort." Joseph, der ein Kupferschmied war, sagte darauf: „Das will viel sagen[4]; indessen habe ich einmal einen Kessel machen helfen[5], der war so groß als die Kirche dort." „Aber um's Himmels willen[6]," rief jetzt Benedikt, „wozu wollte man einen so großen Kessel brauchen?" Joseph sagte: „Man wollte deinen großen Krautkopf darin sieden." Benedikt schwieg beschämt, und wenn ihn später einmal die Lust ankam[7] zu prahlen, so fiel ihm allemal der große Kessel ein[8], und so gewöhnte er sich seine Untugend ab.

Chr. Schmid.

35. Der Himmel. — Le ciel.

„Wie hoch mag wohl der Himmel sein?"
Das will ich gleich dir sagen:

---

1. An.... vorbeigehen, passer devant.
2. Prahlen, faire le vantard.
3. Auf meiner Wanderschaft, pendant que je faisais mon tour d'Allemagne.
4. Das will viel sagen, c'est beaucoup dire.
5. Ich habe machen helfen, j'ai aidé à faire.
6. Um's Himmels willen, au nom du ciel.
7. Wenn ihn die Lust ankam, quand l'envie lui prenait.
8. So fiel ihm allemal... ein, il ne manquait jamais de se rappeler.

Wenn du, schnell wie ein Vögelein,
Die Flügel könntest schlagen [1]
Und stiegest auf und immer auf
In jene blaue Ferne [2]
Und kämest endlich gar hinauf
Zu einem schönen Sterne
Und fragtest dort ein Engelein:
„Wie hoch mag wohl der Himmel sein?"
Dann sei gewiß [3], das Eng'lein spricht:
„Mein Kind, das weiß ich selber nicht;
Doch frag' einmal dort drüben an,
Ob jener Stern dir's sagen kann.
Du brauchst indeß nicht sehr zu eilen;
Es sind nur hunderttausend Meilen."
Und flögst du [4] nun zum Sternlein dort,
Man sagt' dir noch dasselbe Wort,
Und flögst du weiter fort und fort [5],
Von Stern zu Stern [6], von Ort zu Ort:
Es weiß doch Niemand dir zu sagen,
Du wirst doch stets vergeblich fragen:
"Wie hoch mag wohl der Himmel sein?"
Denn, Kind, das weiß nur Gott allein.

---

1. Die Flügel schlagen, battre des ailes.
2. Und stiegest 2c., et si tu montais toujours jusqu'à cette voûte azurée qui est si loin de nous (*litt.* si tu montais, montais toujours jusqu'à ce lointain bleu là-bas).
3. Suppléer daß, que.
4. Flögst du *équivaut à* wenn du flögest.
5. Weiter fort und fort, toujours plus loin.
6. Von Stern zu Stern, d'étoile en étoile.

36. Wie sich der Wolf gebessert hat. — Comment le loup s'est corrigé.

Ein Wolf gerieth [1] in die Falle, die ihm ein Bauer gestellt hatte. Als der Bauer ihn todtschlagen wollte, bat er flehentlich um sein Leben [2] und versprach, er wolle keine Schafe und keine Kälber mehr fressen, sondern von den Wurzeln und den Kräutern des Waldes leben, und wenn er gar zu starken Appetit nach Fleisch habe, so wolle er einen Fisch im Wasser fangen. Der Bauer ließ ihn laufen und der Wolf schüttelte seinen graurothen Pelz und sprang davon. Da sah er ein Schwein, das sich in einer Pfütze vergnügte [3]. Das Maul wässerte ihm nach dem fetten Bissen [4], und er rief: „Die Thiere im Wasser sind Fische, Fische darf ich wohl fangen; o, das Thier dort im Wasser ist ein Fisch!" Damit lief er auf das Schwein zu, packte es an der Gurgel und schleppte es in den Wald. Der Bauer aber dachte: „So ein alter Spitzbube wird nie mehr gut [5] und weiß immer eine Ausrede bei seinen Streichen."

Deutsches Lesebuch.

37. Der Schmied. — Le forgeron.

Der Abend dämmert [6] —
Der Schmied, er hämmert
Noch wacker und frisch;
Und um ihn sauset

---

1. Gerieth, de gerathen, tomba (par mégarde).
2. Er bat flehentlich um sein Leben, il le supplia de lui laisser la vie.
3. Sich vergnügen, s'amuser, s'ébattre.
4. Das Maul, 2c., il avait grande envie de ce bon morceau.
5. Wird nie mehr gut, ne se corrige plus jamais (*littér.* ne devient plus jamais bon).
6. Der Abend dämmert, le crépuscule arrive.

Und um ihn brauset
Der Esse Gezisch.

Die Flammen prasseln,
Die Eisen rasseln,
Der Hammer, er springt;
Die Funken sprühen,
Die Eisen glühen,
Der Amboß erklingt.

Mit bloßem Arme
Steht im Alarme [1]
Der rußige Schmied;
Und durch's Gerassel
Und durch's Geprassel
Ertönet sein Lied.

„Der Abend dämmert —
Ich hab' gehämmert
Mit rüstigem Muth;
Die Sonne sinket,
Die Ruhe winket —
Nun schlaf' ich gut!"

38. Die Stadt. — La ville.

In der Stadt stehen viele, viele Häuser von mannigfacher Art. Manche davon sind sehr groß und stattlich und zählen drei, vier und noch mehr Stockwerke. Statt einer Kirche treffen wir, wenn die Stadt größer [2] ist, deren mehrere und oft sehr prachtvolle an. Ebenso fehlt es nicht an andern schön aufgeführten öffentlichen Gebäuden. Die Häuser stehen

---

1. Steht im Alarme, travaille avec fureur.
2. Traduire par le positif.

in regelmäßigen Reihen und bilden Straßen und Gassen: so nennt man den Raum zwischen zwei gegenüberstehenden Häuserreihen. Manche Straßen sind lang, manche, kurz; einige sind breit, andere schmal. Sehr schmale Straßen nennt man gewöhnlich Gassen. Die Straßen in der Stadt sind meistens mit Steinen besetzt, welche dicht und fest nebeneinander und mit ihrem untern Ende in der Erde sitzen [1]. Dieser Straßenbeleg heißt das Pflaster. Derselbe verhütet [2], daß der Regen den Weg aufweichen [3] kann. Wenn die Straße in der Mitte höher ist, so kann Regen und Schmutz besser in die an den Seiten angebrachten Rinnen abfließen.

In manchen Städten ist an beiden Seiten der Straße, dicht neben [4] den Häusern, ein etwas erhöhter Weg angebracht, auf welchem die Leute gehen; die Wagen und Karren müssen dagegen auf dem Wege in der Mitte fahren. In einer Stadt sind mehrere oder viele Straßen, die alle ihre besonderen Namen haben; man kann aus einer in die andere gehen.

Es steht den Kindern wohl an [5], wenn sie beim Gehen über die Straßen recht gesittet, ordentlich und höflich sind. Unartige Gassenbuben hat Niemand gern [6].

39. Wintermährchen. — Conte d'hiver.

Die Erde schläft: mit weißer Hülle
Hat sie der Winter zugedeckt;

---

1. Und mit ihrem, 2c., et dont l'extrémité inférieure est enfoncée dans la terre.
2. Verhüten, empêcher (*littér*. préserver).
3. Aufweichen, détremper.
4. Dicht neben, tout à côté.
5. Es steht wohl an, il sied bien.
6. Gern haben, aimer.

Sie ist nicht todt, sie schläft nur stille,
Bis daß der Lenz sie wieder weckt.

Und wie das Kindlein ohne Sorgen
Sich an den Mutterbusen schmiegt,
So ruh'n an ihrer Brust geborgen
Die Blumenkinder [1] eingewiegt [2].

Da träumen sie von milden Lüften,
Vom Sonnenlicht, vom klaren Thau,
Und seh'n, berauscht von süßen Düften
Den grünen Wald, die bunte [3] Au.

Sie lauschen, was die Vögel singen,
Und was die Welle sagt im Bach;
Die Rosen mit den Schmetterlingen,
Die Bienen summen: guten Tag!

Die Blumen strecken sich nach oben [4],
Die Pracht zu schauen fern und nah;
Da ist der schöne Traum zerstoben,
Und sieh: der Lenz ist wirklich da.

Eckelmann.

40. Der Distelfink. — Le chardonneret.

Amsel, Häufling und Distelfink saßen zusammen in einem großen Käfige. Jeder hatte sein Näpfchen voll Wasser, jeder sein Töpfchen voll Futter. Näpfchen und Töpfchen waren sehr niedlich von Messing gemacht. Die Drei waren anfänglich gute Freunde und erzählten sich viel von ihrem

---

1. Die Blumenkinder, les fleurs, ses enfants.
2. Eingewiegt, endormi (en berçant).
3. Bunt, émaillé de fleurs (*littér.* bigarré, diapré).
4. Sich nach oben strecken, se dresser.

Leben im Walde. Amsel fing gewöhnlich morgens an, ihr Liedchen zu singen, dann sang Hänfling, dann Distelfink; oft sangen sie auch alle Drei zusammen, Amsel den Baß, Distelfink die erste Stimme, Hänfling die zweite Stimme [1]. Nicht lange ging es so freundlich zu. Distelfink nahm sich heraus [2], wenn die beiden andern schon schliefen, ihnen die besten, vollsten Körner zu nehmen; er wollte die Hälfte des Käfigs für sich haben. Er tadelte die Amsel und sagte: „Du singst viel zu tief [3]"; er tadelte den Hänfling und sprach: „Du singst viel zu hoch"; er ereiferte sich manchmal so sehr, daß er mit ausgebreiteten Flügeln und offenem Schnabel auf die beiden losging [4] und sie beißen wollte. Dabei machte er einen entsetzlichen Lärm. Amsel ertrug dies geduldig und ermahnte zum Frieden; Hänfling aber fürchtete sich sehr [5], flog in die Ecke und sang zuletzt gar nicht mehr. Das bemerkte der Hausherr. Er drohte dem Distelfink; es half nichts [6]. Da nahm er ihn aus dem großen Käfige, setzte ihn in einen kleineren, und trug ihn in eine düstere Kammer. Da mußte der Distelfink allein sitzen und hatte viele Langweile.

41. Der Hirsch, der Hase und der Esel. — Le cerf, le lièvre et l'âne.

Ein Hirsch mit prächtigem Geweih
Von achtzehn Enden [7] ging spazieren.

---

1. Die erste, die zweite Stimme, la première, la seconde partie.
2. Sich herausnehmen, se permettre.
3. Zu tief, trop bas.
4. Auf Einen losgehen, se jeter sur quelqu'un.
5. Sich sehr fürchten, avoir grand'peur.
6. Es half nichts, cela ne servit à rien.
7. Ein Hirsch, 2c., un magnifique cerf de dix-huit cors (*littér.* un cerf avec un magnifique bois de dix-huit cors).

Ein Hase lief vorbei,
Sah ihn und stutzte. Starr auf allen Vieren [1]
Steht er und gafft ihn an,
Macht Männchen [2], geht heran,
Sagt: „Lieber, sieh mich an!
Ich bin ein kleiner Hirsch;
Denn spitz' ich meine Ohren,
So hab' ich solch Geweih wie du.“
Ein Esel hörte zu,
Sprach: „Häschen, du hast Recht,
Wir sind von einerlei Geschlecht,
Der Hirsch und ich und du.“
Der Hirsch that einen Seitenblick [3]
Und ging dann in den Wald zurück.

Gleim.

42. Der Geldbeutel. — La bourse.

Ein armer Köhlerknabe saß unter einem Baume im Walde und jammerte, weinte und betete laut. Ein vornehmer Herr in einem grünen Kleide und mit einem Stern an der Brust jagte eben [4] im Walde; er trat zu ihm und sprach: „Kleiner, warum weinest du?“

„Ach,“ sagte der Knabe, „meine Mutter war lange krank, und da hat mich mein Vater in die Stadt geschickt, den Apotheker zu bezahlen, und ich habe das Geld sammt dem Beutelchen unterwegs verloren.“

Der Herr redete heimlich mit [5] dem Jäger, der ihn be=

---

1. Auf allen Vieren, sur ses quatre pattes.
2. Männchen machen, se mettre sur ses pattes de derrière.
3. That einen Seitenblick, leur jeta un regard de travers.
4. Eben, en ce moment.
5. Redete heimlich mit..., dit quelques mots à voix basse à...

gleitete, zog dann einen kleinen Beutel von rother Seide heraus, in dem einige Goldstücke waren, und sprach: „Ist vielleicht dieses dein Geldbeutelchen?" „O nein," sagte Robert, „das meinige war ganz gering [1]; auch war kein Gold darin."

„So wird es wohl dieses sein?" sagte der Jäger und zog ein unansehnliches, ledernes Beutelchen aus der Tasche. „Ach ja," rief Robert voll Freude, „dieses ist es!" Der Jäger gab es ihm. Der vornehme Herr aber sprach: „Weil du so herzlich [2] gebetet hast und so ehrlich bist, so schenke ich dir diesen Beutel mit dem Gold noch dazu [3]."

43. Das entblätterte Bäumchen. — L'arbrisseau dépouillé de ses feuilles.

Armes Bäumchen, [4] dauerst mich!
    Wie so bald
    Bist du alt!
Deine Blätter senken sich [5],
    Sind so bleich,
    Fallen gleich
Von des kalten Windes Wehen,
Und so bloß dann mußt du stehen.

Bäumchen, nicht so traurig sei!
    Kurze Zeit
    Währt dein Leid;

---

1. Gering, modeste, de peu de valeur.
2. So herzlich, avec tant de ferveur.
3. Dazu, par-dessus le marché.
4. Sous-entendu du.
5. Sich senken, se pencher.

Geht ein Jahr gar schnell vorbei.
Bist nicht todt;
Grün und roth
Schmückt dich wieder über's Jahr [1]
Gottes Finger wunderbar.

44. Der Marktplatz. — Le marché.

An einigen Tagen in der Woche sieht man in der Stadt einen Platz mit Menschen angefüllt. Hier stehen Männer mit Körben voll Gemüse und Säcken voll Kartoffeln. Da stehen Frauen, welche Butter und Eier in ihren Körben haben. Dort haben Metzger (Fleischer) und Bäcker ihre Buden aufgeschlagen [2], in welchen sie ihre Waaren auslegen. Der Platz, auf welchem die Käufer und Verkäufer sich versammeln, um zu kaufen und zu verkaufen, heißt der Marktplatz oder der Markt, und die Tage, an welchen in der Woche Markt gehalten wird [3], heißen Wochenmarkttage. Es ist sehr gut, daß ein Markt in der Stadt ist; denn manche Leute haben keinen Garten, in dem sie Gemüse ziehen [4], und keine Kühe, von denen sie Butter erhalten können. Diese gehen daher auf den Markt, wohin die Landleute und Gärtner ihren Ueberfluß gebracht haben, und kaufen sich das Nöthige. Auf dem Marktplatze wird auch an einem oder mehreren bestimmten Tagen im Jahre Jahrmarkt gehalten.

Der Marktplatz kann groß oder klein, viereckig, dreieckig u. s. w. sein. In einer großen Stadt ist er groß; in einer

---

1. Ueber's Jahr, l'année prochaine.
2. Aufschlagen, dresser, établir.
3. Markt gehalten wird, le marché se tient.
4. Ziehen, cultiver.

kleinen Stadt ist er gewöhnlich nicht so groß. Rings um den Marktplatz stehen Häuser. Oft führt auch an einer oder an mehreren Seiten desselben eine Straße vorbei. In manchen Städten ist der Marktplatz mit Linden oder andern schönen Bäumen umgeben; das sieht hübsch aus [1] und gewährt den Leuten in der Hitze des Sommers angenehmen Schatten. Es gibt Städte, in denen sich mehrere Marktplätze befinden. Auf dem einen wird nur Gemüse verkauft, und das ist der Gemüsemarkt, auf dem andern nur Getreide, und dieser heißt daher Getreide= oder Kornmarkt.

45. Abendlied. — Chant du soir.

Müde bin ich, geh' zur Ruh' [2]
Schließe beide Aeuglein zu;
Vater, laß die Augen dein [3]
Ueber meinem Bette sein [4].

Hab' ich Unrecht heut' gethan,
Sieh es, lieber Gott, nicht an [5]!
Deine Gnad' und Jesu Blut
Macht ja allen Schaden gut [6].

Vater, hab' mit mir Geduld
Und vergieb' mir meine Schuld,
Wie ich Allen auch verzeih',
Daß ich ganz in Liebe sei [7].

---

1. Hübsch aussehen, être joli, faire bon effet.
2. Zur Ruh' gehen, aller se reposer.
3. Die Augen dein *pour* deine Augen.
4. Sein, veiller (*littér.* être).
5. Es ansehen, y faire attention.
6. Allen Schaden gut machen, réparer tout mal.
7. Daß ich ganz in Liebe sei, pour que je sois tout amour.

Alle, die mir sind verwandt,
Herr, laß ruh'n in deiner Hand;
Alle Menschen, groß und klein,
Sollen dir befohlen sein [1].

Kranken Herzen sende Ruh',
Nasse Augen schließe zu;
Laß den Mond am Himmel steh'n
Und die stille Welt beseh'n.

Luise Hensel.

46. Das Blümlein. — La petite fleur.

1. Ich ging im Walde
   So für mich hin [2],
   Und nichts zu suchen
   Das war mein Sinn.

2. Im Schatten sah ich
   Ein Blümlein steh'n,
   Wie Sternlein leuchtend,
   Wie Aeuglein schön.

3. Ich wollt' es brechen [3],
   Da sagt' es fein [4]:
   „Soll ich zum Welken [5]
   Gebrochen sein?"

4. Ich grub's mit allen
   Den Würzlein aus,
   Zum Garten trug ich's
   Am hübschen Haus;

5. Und pflanzt' es wieder
   Am stillen Ort:
   Nun zweigt es immer
   Und blüht so fort [6].

Göthe.

---

1. Alle...sollen dir befohlen sein, que tous les...soient recommandés à ta miséricorde.
2. Ich ging im Walde so für mich hin, je me promenais à l'aventure dans la forêt.
3. Brechen, cueillir.
4. Fein, gentiment.
5. Zum Welken, pour me flétrir.
6. Fortzweigen und fortblühen, continuer de croître et de fleurir.

47. Die Welt der Thiere. — Le monde des animaux.

Die Thiere sind Gegenstand der Thierkunde oder Zoologie. Es gibt wenigstens 150,000 Thierarten. Für die Thierwelt wie für die Pflanzenwelt gilt im Allgemeinen das Gesetz, daß [1] von den Polen zum Aequator hin Artenzahl und Mannigfaltigkeit zunimmt. Die riesenhaftesten und prächtigsten, aber auch zugleich die reißendsten und giftigsten Thiere bewohnen die heiße Zone. Da leben solche Kolosse, wie der Elephant, der Löwe, der König der Thiere, und das schöne, aber blutdürstige Geschlecht der übrigen Katzen [2]; ferner die zierliche Giraffe, der Strauß, der Condor, die vielfarbigen Papageie, die Kolibris, „diese lebendigen Edelsteine der Luft," die Boa, die Krokodile, die Riesenschildkröten, die größten und wunderbar gefärbten Schmetterlinge. In den gemäßigten Zonen sind die großen, reißenden Thiere nicht so zahlreich; nur die Raubthiere des Hundegeschlechtes und die Bären sind Liebhaber des Nordens [3]. Das Meer hat seine Riesenformen (Wallfische) gerade im polaren Norden und Süden. Die Vögel sind im Norden weniger bunt, aber viel zahlreicher.

Jeder der drei Hauptkontinente hat auch seine eigene Thierwelt. Auf der Westfeste sind die Thiere meistens weniger gewaltig und kolossal als diejenigen, welche auf der Ostfeste leben; man vergleiche, zum Beispiel, Tiger und Jaguar, Kameel und Lama. Australien ist ausgezeichnet durch seine Beutelthiere, während ihm fast alle andern Gattungen der Säugethiere fehlen.

---

1. Für die Thierwelt gilt das Gesetz, daß..., au règne animal s'applique la loi suivante: c'est que...

2. Die Katzen, les félins.

3. Sind Liebhaber des Nordens, aiment le nord.

Der Mensch hat manche Thiere an sich gewöhnt [1]; die nennt man Hausthiere. So hat er Rind, Schwein, Hund, Hauskatze und so weiter über die ganze Erde verbreitet, und man versucht immer mehr nützliche Thiere zu acclimatisiren. Andere gehören zu verschiedenen Zeiten, verschiedenen Gegenden an, wie die Zugvögel. Ungeheuer ist die Zahl der Wasserthiere, die in allen Meeren, Flüssen und Seen, selbst im durchfeuchteten [2] Land leben.

Nach Daniel.

48. Gott der Herr. — Dieu le Seigneur.

Weißt du, wie viel Sterne stehen [3]
An dem blauen Himmelszelt?
Weißt du, wie viel Wolken gehen
Weithin über alle Welt?
Gott der Herr hat sie gezählet,
Daß ihm auch nicht eines fehlet
An der großen ganzen Zahl.

Weißt du, wie viel Mücklein spielen
In der heißen Sonnengluth?
Wie viel Fischlein auch sich kühlen
In der hellen Wasserfluth?
Gott der Herr rief sie mit Namen [4],
Daß sie all' in's Leben kamen [5],
Daß sie nun so fröhlich sind.

---

1. An sich gewöhnen, apprivoiser, domestiquer (*littér*. habituer à soi).
2. Durchfeuchtet, humide (*littér*. pénétré par l'humidité).
3. Stehen, brillent (*littér*. se tiennent).
4. Mit Namen, par leur nom.
5. In's Leben kommen, naître (*littér*. entrer dans la vie).

Weißt du, wie viel Kinder frühe
Steh'n aus ihren Bettlein auf,
Daß sie ohne Sorg' und Mühe
Fröhlich sind im Tageslauf?
Gott im Himmel hat an allen
Seine Lust, sein Wohlgefallen [1],
Kennt auch dich und hat dich lieb.

49. Die Welt der Pflanzen. — Le monde des plantes.

Die Gewächse sind Gegenstand der Pflanzenkunde oder Botanik.

Es läßt sich wohl denken [2], daß die 200,000 Pflanzen=arten, welche es etwa geben mag, nicht über alle Gegenden eintönig gleich verstreut sind. Nein; die reichste Mannig=faltigkeit findet hier statt [3]. Was den größten Einfluß hat auf die Pflanzenwelt eines Landstrichs, oder, wie man sich ausdrückt, auf seine Flora, ist die geographische Breite desselben. Je weiter gegen die Pole hin [4], desto ärmer an Arten wird die Flora, desto zwerghafter werden die Pflanzen, desto unscheinbarer die Blumen; zuletzt herrschen die blüthenlosen Gewächse oder Kryptogamen aus der Klasse der Moose und der Flechten, weit über die Blü=thengewächse oder Phanerogamen vor [5]. Je weiter gegen den Aequator, desto mehr steigt nicht nur die Zahl der Arten, sondern auch ihre Mannigfaltigkeit: innerhalb der

---

1. Seine Lust, sein Wohlgefallen an etwas haben, prendre plaisir à quelque chose.
2. Es läßt sich wohl denken, on pense bien.
3. Statt finden, se montrer, apparaître (*littér.* avoir lieu).
4. Je weiter gegen die Pole hin, plus on avance vers les pôles.
5. Ueber…vorherrschen, l'emporter sur, prendre le pas sur…

G.

heißen Zone sind alle Pflanzenfamilien vertreten, in höhern Breiten aber sind es nur wenige Familien, welche die Phanerogamenflora zusammensetzen.

Jede Pflanze hat ihren **geographischen Verbreitungsbezirk**[1], der bald enger, bald weiter ist. Aber der Mensch hat die Verbreitungsbezirke der ihm nützlichen Pflanzen erweitert. Fast jedes der sogenannten **Kulturgewächse**[2] (Getreidearten, Obstbäume und dergleichen) ist hierdurch über seinen natürlichen Verbreitungsbezirk weithin ausgedehnt; das Capland und Australien haben erst durch den Menschen Getreide erhalten; die Alte Welt hat Amerika ihren Weizen mitgetheilt und von ihm dagegen den Mais erhalten; manches Culturgewächs, wie die Kartoffel, ist über die ganze Erde verbreitet. Heutzutag ist man mit **Glück bemüht**[3], immer mehr nützliche Pflanzen zu **acclimatisiren**.

Nach Daniel.

50. Knabe und Hündchen. — Le petit garçon et le petit chien.

Knabe.

Komm nun, mein Hündchen, zu deinem Herrn,
Ordentlich gerade sitzen lern'.

Hund.

Ach, soll ich schon lernen und bin so klein;
O laß es doch noch ein Weilchen sein[4]!

---

1. **Der Verbreitungsbezirk**, la zone de propagation.
2. **Kulturgewächse**, végétaux de grande culture.
3. **Man ist mit Glück bemüht zu...**, on travaille avec succès à...
4. Attends encore un peu.

Knabe.

Nein, Hündchen, es geht am besten früh [1],
Denn später macht es dir große Müh'.

Das Hündchen lernte; bald war's gescheh'n,
Da konnt' es schon sitzen und aufrecht gehn [2],
Getrost in das tiefste Wasser springen,
Und schnell das Verlorne wieder bringen.
Der Knabe sah seine Lust daran [3],
Lernt' auch und wurde ein kluger Mann.

Hey.

1. Früh, de bonne heure.
2. Aufrecht gehen, marcher sur les pattes de derrière.
3. Sah seine Lust daran, le voyait faire avec plaisir.

CLASSE DE SEPTIÈME.

1. Der angehende Schüler. — Le commençant.

Sonst war ich klein; jetzt bin ich groß,
Lern' lesen, rechnen, schreiben,
Sitz' nicht mehr auf der Mutter Schooß [1];
Ich mag zu Haus nicht bleiben.

Sobald zur Schul' das Glöcklein schlägt [2],
So greif' ich nach dem Buche;
Der Griffel ist zurecht gelegt [3],
Daß ich nicht lange suche.

Und in der Schule merk' ich auf,
Damit ich alles lerne;
D'rum hat mich, ja, ich wette d'rauf [4],
Mein Lehrer auch recht gerne.

Güll.

**2. Der Hahn, die Tauben und der Geier. — Le coq,
les pigeons et le vautour.**

Einige Tauben suchten sich an [5] etwas Korn zu sättigen.
Der Haushahn kam dazu und trieb sie mit Gewalt [6] davon.

---

1. Auf der Mutter Schooß, *pour* auf dem Schooß der Mutter.
2. Dès que la cloche m'appelle à l'école (*litt.* sonne pour l'école).
3. Zurecht legen, mettre à sa place.
4. Ich wette d'rauf, j'en fais le pari.
5. An, de.
6. Mit Gewalt, de force.

Das erlittene Unrecht schmerzte sie. Jetzt erblickten sie einen Geier, der über ihrem Hofe schwebte. In ihrem Verdruß riefen sie den Geier an um Rache gegen den Hahn[1]. Der Geier kam, zerriß den Hahn, aber auch bald darauf die Tauben, die sich über[2] den Tod ihres Feindes gefreut hatten.

Alb. von Haller.

3. Der Vogel am Fenster. — L'oiseau à la fenêtre.

An das Fenster klopft es: pick[3]! pick!
„Macht mir doch auf[4] einen Augenblick;
Dick fällt der Schnee, der Wind geht kalt,
[5] Habe kein Futter, erfriere bald[6].
Liebe Leute, o laßt mich ein[7],
Will auch immer recht artig sein."

Sie ließen ihn ein in seiner Noth;
Er suchte sich manches Krümchen Brot,
Blieb fröhlich manche Woche da:
Doch als die Sonne durch's Fenster sah,
Da saß er immer so traurig dort;
Sie machten ihm auf: husch[8], war er fort[9].

Hey.

---

1. Riefen den 2c., en appelèrent au vautour pour qu'il les vengeât du coq (*litt.* invoquèrent le vautour pour vengeance contre le coq).

2. Ueber, de.

3. Pick, mot imitant le bruit du coup de bec de l'oiseau.

4. Macht....auf, ouvrez.

5. *Suppléer* ich.

6. Erfriere bald, je vais mourir de froid.

7. Laßt .... ein, laissez entrer.

8. Husch, *interj. équivaut à* vlan! crac!

9. Er war fort, il était parti.

4. Der Pfau und der Hahn. — Le paon et le coq.

Einst sprach der Pfau zur Henne: „Sieh einmal[1], wie hochmüthig[2] und trotzig dein Hahn einhertritt! Und doch sagen die Menschen nicht: der stolze Hahn, sondern immer: der stolze Pfau.“

„Das macht,“ sagte die Henne, „weil[3] der Mensch einen gegründeten[4] Stolz übersieht[5]. Der Hahn ist auf[6] seine Wachsamkeit stolz, aber worauf du? Auf Farben und Federn.“

Lessing.

5. Der Bauersmann. — Le paysan.

Wie nützlich ist der Bauersmann!
Er bauet uns das Feld.
Wer eines Bauern spotten kann,
Der ist ein schlechter Held[7].

Noch eh' die liebe Sonne kommt,
Geht er schon seinen Gang[8]
Und thut, was allen Menschen frommt,
Mit Lust und mit Gesang.

---

1. Einmal, donc (*litt.* une fois).
2. Wie hochmüthig ꝛc., de quel air orgueilleux et insolent ton coq s'avance.
3. Das macht, weil..., cela vient de ce que... *ou* c'est que...
4. Gegründet, légitime (*litt.* fondé).
5. Uebersehen, ne pas faire attention à, excuser (*litt.* voir par-dessus).
6. Auf, de.
7. Ein schlechter Held, un triste sire (*litt.* un mauvais héros).
8. Seinen Gang gehen, aller à son affaire.

Im Schweiße seines Angesichts [1]
Schafft [2] er für alle Brot.
Wir hätten ohne Bauern nichts;
Die Städter litten Noth.

Und darum sei der Bauernstand
Uns aller Ehren werth [3]!
Denn, kurz und gut [4], wo ist das Land,
Das nicht der Bauer nährt?

Claudius.

6. Liebe eines Storches zu seinen Jungen. — Amour d'une cigogne pour ses petits.

Einst wüthete ein fürchterlicher Brand zu Delft in Holland. Die Flamme ergriff [5] auch einen Thurm, auf dessen Dach sich eine Storchenfamilie angesiedelt hatte. Umsonst versuchte der Alte, seine Jungen wegzutragen. Sie waren zu schwer für seinen Schnabel. Immer höher wirbelte die Flamme und zündete jetzt schon das Nest an. Der Storch sank [6] auf seine Kinder, bedeckte sie mit seinen Flügeln und verbrannte mit ihnen zu Asche [7].

Heff. Lesebuch.

---

1. Im Schweiße seines Angesichts, à la sueur de son front.
2. Schaffen, assurer (*litt.* procurer).
3. Sei uns aller Ehren werth, mérite tout notre respect.
4. Kurz und gut, en un mot (*litt.* brièvement et bien).
5. Ergreifen, gagner (*littéralement* saisir).
6. Sank, se laissa tomber.
7. Zu Asche verbrennen, être réduit en cendres.

7. Das beste Getränk. — La meilleure boisson.

Der beste Wein für Kinder, der weiße ist's fürwahr,
Der aus der Felsenquelle so lustig fließt und klar.
Er fließt durch grüne Auen; ihn trinken Hirsch und Reh
Und Lerch' und Nachtigallen; er macht dem Kopf nicht Weh.
Und ist er gut [1] für Kinder, der klare, weiße Wein,
Mich dünkt, er [2] muß nicht minder auch gut für Große sein.

Deutsches Lesebuch.

8. Das kostbare Kräutlein. — L'herbe précieuse.

Zwei Mägde, Brigitte und Walburg, gingen der Stadt zu und jede trug einen schweren Korb voll Obst auf dem Kopfe.

Brigitte murrte und seufzte beständig, Walburg aber lachte und scherzte nur [3].

Brigitte sagte: „Wie magst du doch lachen? Dein Korb ist ja [4] so schwer wie der meinige, und du bist um nichts [5] stärker als ich.“

Walburg sprach: „Ich habe ein gewisses Kräutlein zur Last gelegt, und so fühle ich sie kaum. Mach' es auch so [6]!“

„Ei!“ rief Brigitte, „das muß ein kostbares Kräutlein sein. Ich möchte mir meine Last damit auch gern erleichtern. Sag' mir doch einmal, wie es heißt.“

Walburg antwortete: „Das kostbare Kräutlein, das alle Beschwerden leichter macht, heißt — Geduld.“

Chr. Schmid.

---

1. Ist er gut, *comme* wenn er gut ist.
2. Er muß nicht minder auch gut sein, il ne doit pas l'être moins.
3. Nur lachen und scherzen, ne faire que rire et plaisanter.
4. Ist ja..., n'est-il pas...?
5. Um nichts, pas (*littéralement* en rien).
6. Mach' es auch so, fais comme moi (*littér.* fais-le aussi ainsi).

9. Schwan und Kind. — Le cygne et l'enfant.

„Kind dort, was scheust du dich[1]?
Gar nicht so bös bin ich,
Schwimme daher ganz sacht,
Daß es kein Wellchen macht;
Möchte dich nur fragen eben[2]:
„Willst du ein Stückchen Brot mir geben?"

Das Kind trat zu dem Teich heran
Und freute sich an dem schönen Schwan.
Wie rein und weiß[3] war sein Gefieder!
Wie sanft er schwamm so hin und wieder[4]!
Es wurde bald mit ihm bekannt[5],
Ließ das Brot ihn nehmen aus[6] seiner Hand.

Hey.

10. Die Singvögel. — Les oiseaux chanteurs.

Ein freundliches[7] Dörfchen war von einem ganzen Walde
fruchtbarer Bäume umgeben. Die Bäume blüheten und duf=
teten im Frühlinge auf das lieblichste[8]. Auf ihren Aesten
und in den Hecken umher sangen und nisteten allerlei muntere
Vögelein. Im Herbste aber waren alle Zweige der Bäume
reichlich mit Aepfeln, Birnen und Zwetschgen beladen. Da
fingen einige böse Buben an, die Nester der Vögel auszu=

---

1. Was scheust du dich? pourquoi as-tu peur?
2. Eben ne se traduit pas.
3. Wie rein und weiß...! de quelle blancheur immaculée...! (*litté-*
ralement combien pur et blanc...!)
4. Hin und wieder schwimmen, nager de-ci de-là.
5. Bekannt werden, se familiariser.
6. Aus, dans.
7. Freundlich, riant.
8. Auf das lieblichste, de la manière la plus agréable.

nehmen [1]. Die Vögel zogen daher aus dem Orte nach und nach ganz hinweg [2]. Man hörte an den schönen Frühlingsmorgen kein Vögelein mehr singen, und in den Gärten war es ganz still und traurig. Die schädlichen Baumraupen wurden sonst von den Vögeln weggefangen; aber jetzt nahmen sie überhand [3] und fraßen Blätter und Blüthen ab. Da standen die Bäume kahl wie mitten im Winter, und die bösen Buben, die sonst köstliches Obst im Ueberflusse hatten, bekamen nicht einmal mehr einen Apfel zu essen.

11. Das Bienchen und die Taube. — L'abeille et la colombe.

Ein Bienchen fiel in einen Bach;
Dies sah von oben eine Taube,
Und brach ein Blättchen von der Laube
Und warf's ihm zu [4]. Das Bienchen schwamm darnach [5]
Und half sich glücklich aus [6] dem Bach.
Nach kurzer Zeit saß unsre Taube
Zufrieden wieder auf der Laube.
Ein Jäger hatte schon den Hahn darauf gespannt [7];
Mein Bienchen kam; pick [8]! stach's ihm in die Hand;
Puff [8]! ging der ganze Schuß daneben [9].
Die Taube flog davon. — Wem dankte sie das Leben?

---

1. Ausnehmen, dénicher.
2. Aus dem Orte ganz hinwegziehen, abandonner tout à fait l'endroit.
3. Ueberhand nehmen, prendre le dessus, se multiplier à l'excès.
4. Zuwerfen, jeter vers.
5. Darnach schwimmen, nager vers (la feuille).
6. Sich aus...helfen, se tirer de... (*littér.* s'aider hors de...).
7. Hatte schon den Hahn darauf gespannt, avait déjà armé son fusil pour la tirer.
8. Pick! puff! interjections imitatives.
9. Daneben gehen, passer à côté.

12. Der gute Alte. — Le bon vieillard.

Ein Herr traf einen alten Mann, der einen Nußbaum pflanzte. Er ging auf den Greis zu [1] und fragte, wie alt er sei. „Ueber achtzig Jahre," war die Antwort, „aber, gottlob! noch gesund wie Einer von dreißig." „Wie lange gedenkst du denn zu leben," sprach der Herr weiter [2], „daß du in solchem Alter noch junge Bäume pflanzest, die so spät Früchte tragen? Warum machst du dir so vergebliche Arbeit [3]?"

„Herr," gab der Alte zur Antwort [4], „ich bin zufrieden, wenn ich die Bäume gepflanzt habe, ohne mich darum zu bekümmern, ob ich oder ein anderer die Früchte derselben genießen werde. Es ist billig, das wir thun, wie unsere Väter thaten. Sie pflanzten Bäume, deren Früchte wir essen; da wir nun der Väter Arbeit genossen haben, warum sollen wir gegen unsere Nachkommen liebloser [5] sein, als jene gegen uns waren? Ich denke, was der Vater nicht genießt, das erntet der Sohn."

Deutsches Lesebuch.

13. Frühlings Ankunft. — Arrivée du printemps.

Der Lenz [6] ist angekommen!
Habt Ihr ihn nicht vernommen [7]?
Es sagen's [8] Euch die Vögelein;

---

1. Auf Einen zugehen, s'approcher de quelqu'un.
2. Weiter sprechen, continuer.
3. Warum machst du 2c., pourquoi te donner cette peine inutile?
4. Zur Antwort geben, répondre.
5. Liebloser, moins charitables *ou* moins bons.
6. Lenz, poétique pour Frühling.
7. Habt ihr 2c., ne vous êtes-vous pas aperçus de sa présence? (*littéralement* ne l'avez-vous pas aperçu?)
8. Sagen's pour sagen es.

Es sagen's Euch die Blümelein:
Der Lenz ist angekommen!

Ihr seht es an den Feldern;
Ihr seht es an den Wäldern;
Der Kukuk ruft, der Finke schlägt[1];
Es jubelt, was sich froh bewegt[2]:
Der Lenz ist angekommen!

Hier Blümlein auf der Heide,
Dort Schäflein auf der Weide.
Ach! seht doch, wie sich alles freut.
Es hat die Welt sich schon erneut:
Der Lenz ist angekommen!

Hey.

14. Der Affe und die Nuß. — Le singe et la noix.

Ein Affe fand im Grase eine welsche Nuß[3], die noch mit ihrer grünen Hülle überzogen war. Er gab sich viele Mühe, sie aufzumachen, und es gelang ihm nur langsam, nur nach und nach. Einer seiner Mitbrüder sah ihm von weitem zu[4] und lachte ihn aus. Aber der Finder sprach: „Lache nicht allzuviel! Ich kenne die Natur dieser Frucht; ihre Schale ist allerdings hart, doch der Kern wird nachher desto süßer sein."

Meißner.

---

1. Schlagen, chanter (se dit de certains oiseaux, tels que le rossignol, la caille, etc.).
2. Es jubelt xc., partout la vie, le mouvement, l'allégresse (*littéralement* ce qui se meut joyeusement est dans l'allégresse).
3. Welsche Nuß, grosse noix (noix d'Italie).
4. Sah ihm zu, le regardait faire.

15. Es regnet. — Il pleut.

Es regnet;
Gott segnet
Die Erde, die so durstig ist,
Daß ihren Durst sie bald vergißt;
O frischer Regen,
Du Gottessegen!

Es regnet;
Gott segnet
Den hohen Baum, den kleinen Strauch
Und all' die tausend Blumen [1] auch.
O frischer Regen,
Du Gottessegen!

Es regnet;
Gott segnet
Was lebt und webt [2] in weiter Welt;
Für jedes Thier ein Tröpflein fällt.
O frischer Regen,
Du Gottessegen!

Es regnet;
Gott segnet
Die Menschen alle väterlich;
Sein Himmelsthau erquickt auch mich.
O frischer Regen,
Du Gottessegen!

Hey.

---

1. All' die tausend Blumen, les fleurs sans nombre (*littéralement* toutes les mille fleurs).
2. Was lebt und webt, tout ce qui vit et respire.

16. Der Weinberg. — La vigne.

Ein Vater sagte kurz[1] vor seinem Tode zu seinen drei Söhnen: „Liebe Kinder! Ich kann euch nichts zurücklassen als diese unsere Hütte[2] und den Weinberg daran[3]. In dem Weinberge aber liegt ein Schatz verborgen. Grabt nur fleißig nach, so werdet ihr ihn finden!" — Nach dem Tode des Vaters gruben die Söhne den ganzen Weinberg mit dem größten Fleiße um[4] — und fanden weder Gold noch Silber. Weil sie aber den Weinberg fleißig wie nie zuvor bearbeitet hatten, so brachte er eine solche Menge Trauben hervor, daß sie darüber erstaunten. Jetzt erst fiel den Söhnen ein[5], was ihr seliger Vater mit dem Schatze gemeint hatte.[6], und sie schrieben an die Thüre des Weinberges mit großen Buchstaben:

> Die rechte Goldgrub' ist der Fleiß
> Für den, der ihn zu üben[7] weiß.
>
> Deutsches Lesebuch.

17. Glaube. — La foi.

Mit dem Vogel sind geflogen
Seine Kinder über's Meer.
Droben ward der Himmel trüber,
Drunten brausten Sturmeswogen[8],

---

1. Kurz, peu de temps.
2. Diese unsere Hütte, notre chaumière que voici.
3. Daran, qui y touche.
4. Umgraben, retourner (en creusant).
5. Jetzt erst fiel den Söhnen ein, alors seulement les fils comprirent.
6. Mit...gemeint hatte, avait entendu dire par...
7. Ueben, employer utilement (*littéralement* exercer).
8. Sturmeswogen, vagues furieuses (*littéralement* vagues produites par la tempête).

Und die Kinder klagten sehr:
„Ach! wie kommen wir hinüber?
Nirgend will ein Land uns winken [1],
Und die müden Schwingen sinken."
Aber ihre Mutter sagt:
„Kinder, bleibet unverzagt!
Fühlt ihr nicht im tiefsten Innen
Unaufhaltsam einen Zug [2],
Neuen Frühling zu gewinnen?
Auf! in jenem ist kein Trug [3]!
Der die Sehnsucht hat gegeben,
Er wird uns hinüber heben [4],
Und euch trösten balde, balde,
In dem jungbelaubten Walde."

Fröhlich.

18. Der Löwe, der Esel und der Hase. — Le lion, l'âne et le lièvre.

Der Löwe berief die vierfüßigen Thiere zum Kriege mit [5] den Vögeln. Allen war ein gewisser Tag anberaumt [6]; alle erschienen, unter ihnen auch der Esel und der Hase.

„Ha, ha!" lachten der Bär, der Tiger und der Wolf, „wozu könnte man denn diese Feigen und Ungeschickten gebrauchen? Fort mit ihnen [7]!"

---

1. Uns winken, se montrer à nous (*littéralement* nous faire signe).
2. Unaufhaltsam einen Zug, un désir irrésistible.
3. In jenem ist kein Trug, cet instinct-là est infaillible (*littéralement* dans celui-là il n'y a point de tromperie).
4. Hinüber heben, porter de l'autre côté.
5. Zum Kriege mit..., pour faire la guerre à...
6. Anberaumen, fixer.
7. Fort mit ihnen! qu'ils s'en aillent!

„Ihr irrt," sprach der klügere Löwe, „zur Schlacht sind
sie zwar allerdings untüchtig; aber trefflich wird sich zum[1]
Trompeter der Esel und zum Läufer der Hase schicken."

Meißner.

19. Der Kukuk und die Lerche. — Le coucou et l'alouette.

Den Kukuk fragt die Lerche:
„Wie kommt es[2], sage mir,
Daß die gereis'ten[3] Störche
Nicht klüger sind als wir?"

„Sie sollen uns beweisen,"
Erwiedert er und lacht,
„Daß nicht das viele Reisen[4]
Die Dummen klüger macht[5]."

Hagedorn.

20. Der Greis und der Tod. — Le vieillard et la mort.

Ein Greis hatte sich im Walde Holz gesammelt. Mit
einem schweren Bündel auf dem Rücken begab er sich auf
den Rückweg[6]. Ganz ermüdet legte er an einem Abhange[7]
seinen Bündel ab und setzte sich nieder, um ein wenig aus-
zuruhen. Er dachte über sein Leben nach, wie dasselbe bisher

---

1. Sich zum...schicken, convenir pour être...
2. D'où vient?
3. Qui ont voyagé *ou* malgré leurs voyages.
4. Les nombreux voyages.
5. Machen (avec un adjectif), rendre.
6. Sich auf den Rückweg begeben, se mettre en devoir de rentrer.
7. Der Abhang, la pente.

nur Mühe und Arbeit gewesen sei, und wie er auch in seinem Alter nichts Besseres zu erwarten habe. Da rief er mit lauter Stimme den Tod herbei, daß er ihn doch von allem Uebel erlöse [1]. Sogleich stand der Tod in seiner hagern Gestalt [2] mit der Sense vor ihm und fragte ihn, was er begehre. „Ei, daß du mir aufhelfest [3]," sprach der Greis erschrocken, und nahm gerne wieder seinen Bündel auf die Schulter.

Deutsches Lesebuch.

21. Der kleine Gernegroß. — Le petit présomptueux.

[4] War einst ein kleiner Gernegroß,
Fünf Jahr' alt und ein halbes bloß.
„Ei," spricht er, „ich bin nicht mehr klein;
Ich kann gar wohl ein Herr schon sein.

Er nimmt des Vaters Stock und Hut
Und läuft hinaus mit stolzem Muth [5]
Und merkt es nicht, der kleine Tropf [6],
Daß halb im Hute steckt der Kopf.

Und alle Leute bleiben steh'n [7]
Und lachend auf das Herrchen seh'n:
„Ei, Hut, was hast du denn im Sinn [8]?
Wo willst du mit dem Jungen hin [9]?"

---

1. Erlösen, délivrer.
2. In seiner hagern Gestalt, sous sa forme de squelette.
3. Aufhelfen, aider à recharger un fardeau.
4. Suppléer es.
5. Mit stolzem Muth, fièrement (*littér.* avec un fier courage).
6. Der kleine Tropf, le petit sot.
7. Stehen bleiben, s'arrêter.
8. Im Sinn, en tête.
9. Wohin? où? (avec mouvement).

7.

22. Das beste Mittel alt zu werden. — Le meilleur moyen de devenir vieux.

Ein Greis wurde gefragt[1], wie er es gemacht habe, um ein so hohes Alter zu erreichen. „Gewiß haft du," fagte der Eine, „ein herrliches Mittel, das du bis heute noch gebrauchft?" — „Gib uns doch auch von demselben[2]!" rief ein Anderer. Der Greis lächelte und sprach: „Recht gern, meine Kinder, wenn ihr es nur gebrauchen wollt. Mein Mittel ist einfach; ich aß nämlich stets nur, um satt zu werden[3], und trank nur, um nicht mehr zu dürsten."

Curtman.

23. Die Ameise und die Grille. — La fourmi et la cigale.

Eine leichte Grille sang
Einen ganzen Sommer lang[4],
Und war immer ohne Sorgen
Für den lieben andern Morgen[5].
Weil der Sommer Nahrung hatt',
Wurde sie auch täglich satt[6].
Aber, als der Winter kam,
Jeder Flur ihr Leben nahm,
Alles nun verödet stand
Und kein Würmchen mehr sich fand,

---

1. Ein Greis wurde gefragt, on demandait à un vieillard.

2. Gib uns doch 2c., donne-nous donc ta recette (*littéralement* donne-nous donc aussi du même).

3. Satt werden, se rassasier.

4. Einen ganzen Sommer lang, pendant tout un été.

5. Für den lieben andern Morgen, du lendemain.

6. Satt werden, se rassasier.

Sprach sie zu der Nachbarin,
Einer Ameis': Ach, ich bin
Gar zu hungrig [1]; gib mir doch
Ein klein' Wenig nur zu leben;
Deine Kammer [2] hat ja noch
So viel Vorrath, und ich will
Alles ehrlich wiedergeben
Sammt den Zinsen im April.

Schwesterchen, antwortet' ihr
Kleine Ameis', sage mir
Doch nur erst: wie brachtest du
Deine Zeit im Sommer zu [3]?
Sage mir: was thatest du? —
Was ich that? du weißt es wohl;
Ich, die Freundin des Apoll,
Sang beständig. Hast du mich
Nicht gehört, und konnte ich,
Schwesterchen, wohl Bess'res thun
Als zu singen? — Sicherlich
Gab's nichts [4] Besseres für dich,
Als zu singen, süß zu ruh'n.
Auch ist's trefflich dir gelungen [5]!
Doch, hast damals du gesungen,
Grillchen, ei, so tanze nun!

Gleim.

---

1. Ich bin gar zu hungrig, j'ai bien faim.
2. Deine Kammer, ton magasin.
3. Brachtest...zu, de zubringen, passer.
4. Gab's nichts, il n'y avait rien.
5. Es ist dir trefflich gelungen, tu as parfaitement réussi.

24. Der Jäger und sein Hund. — Le chasseur et son chien.

Ein Jäger hetzte einst seinen Hund auf einen Hasen. „Faß![1] Faß!" rief der Jäger, und der Hund sprang aus allen Kräften, jagte den Hasen weit im Feld umher, erreichte ihn endlich, und hielt ihn mit den Zähnen fest[2]. Der Jäger ergriff hierauf den Hasen bei[3] den Ohren, und sagte zum Hunde: „Laß![4] laß!" Der Hund ließ ihn sogleich los, und der Jäger steckte den Hasen in seinen Ranzen.

Mehrere Leute aus dem Dorfe hatten zugesehen[5], und ein alter Bauersmann unter ihnen sagte: „Diesem Jagdhunde gleicht der Geizige; der Geiz ruft dem Geizigen zu: „Faß! faß! und der verblendete Mensch gehorcht, und jagt aus allen Kräften den zeitlichen Gütern nach. Am Ende kommt aber der Tod, und sagt: „Laß! laß!" und der arme Mensch muß den mit vieler Mühe erjagten[6] Reichthum ungenossen zurücklassen.

> Was sammelst du dir Schätze hier auf Erden,
> Die alle dir vom Tod entrissen werden?

Chr. Schmid.

25. Der Ochs und der Esel. — Le bœuf et l'âne.

> Ochs und Esel zankten sich
> Beim Spaziergang', um die Wette[7],

---

1. Faß! pille!
2. Fest halten, maintenir.
3. Bei, par.
4. Laß! lâche!
5. Hatten zugesehen, avaient regardé cette scène.
6. Erjagt, acquis, amassé (*littér.* obtenu en courant après).
7. Um die Wette, à l'envi, à qui mieux mieux.

Wer[1] am meisten Weisheit hätte;
Keiner siegte, keiner wich.

Endlich kam man überein[2],
Daß der Löwe, wenn er wollte,
Diesen Zwist entscheiden sollte,
Und was konnte klüger sein?

Beide treten, tiefgebückt[3],
Vor des Thierbeherrschers Throne,
Der, mit einem edlen Hohne,
Auf dies Paar hernieder blickt.

Endlich spricht die Majestät
Zu dem Esel und dem Farren:
Ihr seid alle beide Narren.
Jeder gafft ihn an[4] und geht.

Pfeffel.

26. Die Erfindung des Glases. — L'invention du verre.

Ueber die Erfindung des Glases, das uns so unschätzbare
Dienste leistet, spricht sich eine Sage, wie folgt, aus:

Einst landeten Phönizier an der Nordküste Palästina's,
wo das Flüßchen Belus sich in das Meer ergießt[5]. Eine
weite Sandfläche öffnete sich dem Blicke; vergebens schauten
sie nach Steinen[6], um ihre Kessel und Pfannen über denselben aufzustellen. Sie holten nun aus ihren Schiffen Sal-
petersteine, die sie als Ladung mit sich führten; schnell praf-

1. Wer, pour savoir qui.
2. Uebereinkommen, convenir.
3. Tiefgebückt, en s'inclinant profondément.
4. Angaffen, regarder d'un air ébahi.
5. Sich ergießen, se jeter (se dit d'un cours d'eau).
6. Nach Steinen schauen, chercher (des yeux) des pierres.

felt die lustige Flamme, und sie halten ihr Mahl. Aber, o
Wunder! von [1] der Gewalt des Feuers schmelzen die Sal=
petersteine, vermischen sich mit der Asche und dem glühenden
Sande, und als die flüssige Masse erkaltet war, lag am Bo=
den eine helle, durchsichtige Masse — das Glas.

Schmitt.

27. Die Wasserrose. — Le nénuphar.

Es spielte ein Knäblein im blumigen Klee,
Am grünenden Walde, am bläulichen See;
Und, sieh! in den Binsen des Ufers da lacht
Die schönste Seerose in goldener Pracht [2].

Mein Knäblein, das watet mit frevelndem Muth [3],
Die Blume zu pflücken, hinein in die Fluth.
„Halt!" rief ihm die Mutter mit warnendem Mund,
„O bleibe zurück, sonst gehst du zu Grund [4]."

Das Knäblein verachtet ihr Warnen und Fleh'n.
„Ei," ruft es, „es wird mir so leicht nichts gescheh'n [5]!"
Schon pflückt es die Blume; da sinkt es hinab
Und findet im Wasser ein schauerlich Grab.

Die Mutter erhebet ein Jammergeschrei;
Es laufen die Kinder des Dorfes herbei.
„O," ruft sie, „o, ehret der Eltern Gebot!
Nichtfolgen bringt Kindern Verderben und Tod."

---

1. Von, par *ou* par suite de.
2. In goldener Pracht, brillant comme l'or.
3. Mit frevelndem Muth in...hinein waten, entrer témérairement
dans...
4. Zu Grund gehen, périr.
5. Es wird mir so leicht nichts geschehen, il ne m'arrivera pas si faci-
lement malheur.

28. Die Erbsen. — Les pois.

Ein Taschenspieler erhielt die Erlaubniß, vor einem Fürsten seine Kunststücke zu machen [1]. Er trat mit einer Schale voll eingeweichter [2] Erbsen in das Gemach, ließ sich eine Nadel vorhalten und warf mit den Erbsen so sicher, daß die Erbse allemal an der Nadelspitze stecken blieb [3]. Der Fürst schickte dann einen Diener fort, der bald mit einem vollen Sacke zurückkam. Der Künstler freute sich sehr; denn er glaubte, der Sack werde voll Goldstücke sein. Als man aber auf Befehl des Fürsten den Sack öffnete, erblickte man nichts als Erbsen. Und der Fürst sprach: „Da Euer Kunststück den Menschen nichts nützt, so werden sie es wohl auch schlecht lohnen, und es könnte Euch bald an den nöthigen Erbsen mangeln [4]. Deßhalb habe ich Euch damit versehen [5]."

Befaß [6] dich nicht mit solchen Dingen,
Die keinem Menschen Nutzen bringen!

Deutsches Lesebuch.

29. Waldvögelein. — Les petits oiseaux de la forêt.

Ich gehe durch einen grasgrünen [7] Wald
Und höre die Vögelein singen.
Sie singen so jung, sie singen so alt,
Die kleinen Vögelein in dem Wald;
Wie hör' ich so gerne sie singen!

---

1. Kunststücke machen, faire des tours.
2. Eingeweicht, bien ramolli.
3. Stecken bleiben, rester fixé.
4. Es könnte Euch an den… mangeln, vous pourriez manquer des…
5. Ich habe Euch damit versehen, je vous en ai donné une provision.
6. Sich mit etwas befassen, s'occuper de quelque chose.
7. Grasgrün, verdoyant (*littéralement* vert d'herbe).

O sing' nur, singe, Frau Nachtigall!
Wer wollte dich, Sängerin, stören?
Wie wonniglich klingt's im Wiederhall[1]!
Es[2] lauschen die Blumen, die Vögel all'
Und wollen die Nachtigall hören.

Nun muß ich wandern bergauf, bergab[3];
Die Nachtigall singt in der Ferne.
Es wird mir so wohl, so leicht am Stab[4],
Und wie ich schreite hinauf, hinab,
Die Nachtigall singt in der Ferne.

Des Knaben Wunderhorn.

30. Der fahrlässige Eigenthümer. — Le propriétaire négligent.

„Hört," sagte Christoph zu seinem Herrn, „auf unserm Dach fehlt ein Ziegel; laßt ihn nachstecken[5]!" Aber der leichtsinnige Hausherr sagte: „Ach was! Ein Ziegel mehr oder weniger, das schadet nichts."

Mit der Zeit aber kam der Wind, kroch[6] durch das Loch im Dache und hob auch noch andere Ziegel aus[7]. Dann kamen der Regen und der Schnee zum Dache hinein[8] und legten sich auf den Boden, daß die Balken faulten. Und

---

1. Wie wonniglich 2c., qu'il est ravissant, ton chant répété par l'écho (*littéralement* comme cela sonne délicieusement dans l'écho)!
2. Ne se traduit pas.
3. Bergauf, bergab, par monts et par vaux.
4. Es wird mir 2c., appuyé sur mon bâton, je me sens si heureux, si léger.
5. Nachstecken lassen, faire remplacer.
6. Kroch, pénétra.
7. Ausheben, détacher, faire tomber.
8. Zum Dache hinein kommen, entrer par le toit.

endlich mußte der Zimmermann kommen; denn das Haus war baufällig geworden [1].

„Es ist schlimm," sagte der Zimmermann; unter hundert Mark kann ich Euch die Sache nicht wieder herstellen. Vor ein paar Jahren [2] freilich, als nur der eine Ziegel fehlte, wäre es eine Kleinigkeit gewesen."

31. Räthsel. — Énigme.

Von Perlen baut sich eine bunte [3] Brücke
Hoch über einen grauen See;
Sie baut sich auf im Augenblicke,
Und schwindelnd [4] steigt sie in die Höh'.

Der höchsten Schiffe höchste Masten
Zieh'n unter ihrem Bogen hin [5];
Sie selber trug noch keine Lasten
Und scheint, wie du ihr nahst, zu flieh'n.

Sie wird erst mit dem Strom und schwindet,
Sobald des Wassers Fluth versiegt.
So sprich wo sich die Brücke findet,
Und wer so künstlich sie gefügt [6].

32. Das Fünkchen. — La petite étincelle.

Das Kind hatte mit dem Fünkchen gespielt, obgleich seine Mutter es ihm oft verboten hatte. Da war das Fünkchen fort=

---

1. Baufällig werden, menacer ruine.
2. Vor ein paar Jahren, il y a quelques années.
3. Bunt, de diverses couleurs.
4. Schwindelnd, rapidement (*littér.* d'une manière vertigineuse).
5. Hinziehen, passer, s'avancer.
6. Fügen, bâtir (*littéralement* agencer).

geflogen und hatte sich in's Stroh versteckt. Aber das Stroh fing an zu brennen, und es entstand eine Flamme, ehe das Kind daran dachte. Da wurde es dem Kinde bange [1], und es lief fort, ohne jemand etwas von der Flamme zu sagen. Und da niemand Wasser darauf schüttete, ging die Flamme nicht aus [2], sondern verbreitete sich im ganzen Hause. Als sie an die Fenstervorhänge kam, wurde sie noch größer, und die Tische und Stühle und die Schränke und alles, was der Vater und die Mutter hatten, das wurde vom Feuer gefaßt, und die Flamme wurde beinahe so hoch wie der Kirchthurm. Da schrieen alle Leute vor [3] Schrecken, die Soldaten trom=melten, die Glocken läuteten; es war fürchterlich zu hören, und die Flamme war schrecklich zu sehen. Nun fing man an zu löschen mit Wasser, das man in das Feuer spritzte; aber es half nichts [4]. Das Feuer erlosch erst, als das Haus ganz niedergebrannt war. Da hatten nun die Eltern des Kindes kein Haus mehr und kein Plätzchen, wo sie wohnen und wo sie schlafen konnten. Und das Kind, das mit dem Fünkchen gespielt hatte, war schuld daran [5].

33. Der blinde Geiger. — Le ménétrier aveugle.

Ein armer Geiger wandert durch's [6] Land,
Des Hündleins Schnur in zitternder Hand.
Der Geiger ist alt und schwach und blind.
Es [7] kennt den Armen ein jedes Kind.

---

1. Da wurde es dem Kinde bange, alors l'enfant eut peur.
2. Ausgehen, s'éteindre.
3. Vor, de.
4. Es half nichts, cela ne servit à rien, rien n'y fit.
5. Schuld daran sein, en être la cause.
6. Durch's pour durch das.
7. Es, sujet explétif, ne se traduit pas.

Und wenn er vor den Thüren geigt,
Wird alles traurig und horcht und schweigt;
Und wenn er von seinem Leiden singt,
Das Lied in die tiefste Seele [1] dringt:

„Ich wandle in Nacht schon achtzig Jahr',
Mein Leben ein Leben voll Thränen war,
Ein Leben voll Angst und Hunger und Noth,
O läg' ich [2] im Grabe! o wär' ich todt!

O wär' ich bei dir, Herr Jesus Christ,
Wo keine Nacht, kein' Trübsal ist!
O läg' ich im Grabe! o wär' ich todt!
Wer reicht dem Geiger ein Stücklein Brot?

So singt er, mein Kind, und wirst du ihn seh'n [3],
Darfst du nicht spottend vorübergeh'n.
Leg' deine Gabe freundlich und gut
Dem blinden Geiger in den Hut!

34. Die dankbare Maus. — La souris reconnaissante.

Eine Maus war der süßen Früchte wegen auf einen
Baum geklettert, fiel herunter auf einen Löwen, welcher unten
schlief, und erweckte ihn. Da wurde der Löwe zornig und
wollte sie zerreißen. Die Maus aber bat ihn um ihr Leben [4]
und sprach: „Herr Löwe, ich habe dich ja nicht mit Vorsatz [5]
gestört, sondern nur aus Unvorsichtigkeit [6]; laß mich doch

1. In die tiefste Seele, jusqu'au fond de l'âme.
2. Läg' ich, je voudrais être couché.
3. Wirst du ihn sehn, comme wenn du ihn sehn wirst.
4. Bat ihn um ihr Leben, lui demanda grâce (*littéralement* le pria
pour sa vie).
5. Mit Vorsatz, à dessein, avec préméditation.
6. Aus Unvorsichtigkeit, par mégarde.

leben! Vielleicht kann ich mich ja auch noch einmal dankbar gegen dich erweisen." Der Löwe lachte, daß das kleine Thierchen glaubte, ihm nützlich sein zu können; doch dauerte ihn die Maus [1], und er ließ sie laufen.

Nach einiger Zeit wurde der Löwe im Netze des Jägers gefangen. Er brüllte und tobte; aber er konnte sich nicht befreien. Da kam das Mäuslein herbei und sprach: „Herr Löwe, warte nur! Ich werde das Netz zernagen." Sogleich machte es sich daran [2]. Bald waren die Fäden zerbissen, und der Löwe konnte nun wieder frei herausgehen. Er bedankte sich bei [3] der Maus und sprach: „Das hätte ich nicht gedacht, daß ein so kleines Thier mir einst das Leben retten würde."

Deutsches Lesebuch.

35. Aesop. — Ésope.

Aesop ging einst nach einem Städtchen hin.
Ein Wand'rer kam und grüßte ihn,
Und fragt': „Wie lange, Freund, hab' ich zu geh'n
Bis zu dem Flecken dort, den wir von Weitem seh'n?"
„Geh!" spricht Aesop. Und er: „Das weiß ich wohl,
Daß, wenn ich weiter kommen [4] soll,
Ich gehen muß, allein du sollst mir sagen:
In wieviel Stunden?" — „Nun, so geh'!" — „Ich sehe wohl,"
Brummt hier der Fremde, „dieser Kerl ist toll;
Ich werde nichts von ihm erfragen [5];"
Und dreht sich weg [6] und geht. — „He," ruft Aesop, „ein Wort!

---

1. Die Maus dauerte ihn, la souris lui fit pitié.
2. Sich daran machen, se mettre à l'œuvre (*littér.* s'y mettre).
3. Sich bei Einem bedanken, remercier quelqu'un.
4. Weiter kommen, arriver plus loin, avancer.
5. Ich werde nichts ꝛc., je ne pourrai rien en tirer.
6. Sich wegdrehen, tourner les talons.

Zwei Stunden bringen dich an den bestimmten Ort."
Der Wanderer bleibt, betroffen, stehen [1].
„Ei," ruft er, „und wie weißt du's nun?"
„Und wie," versetzt Aesop, „konnt' ich den Ausspruch thun [2],
Bevor ich deinen Gang gesehen [3]?"

Nikolai.

36. Die Grille und der Schmetterling. — La cigale et le papillon.

Es [4] saß eine kleine Grille im Grase und sah einen nied=
lichen Schmetterling auf der Wiese von Blume zu Blume
fliegen. Wie sehr [5] beneidete sie den Schmetterling um [6]
seine Schönheit und das herrliche Farbenspiel auf seinen
Flügeln! „Ach!" seufzte sie, warum bin ich denn nicht so
schön als er, warum muß ich ihm in allen Stücken [7] so weit
nachstehen? Ich bin hier unbekannt und verachtet!" Ueber
die Wiese daher kam eben eine ganze Schaar Kinder, Kna=
ben und Mädchen. „Heida!" schrieen sie, als sie den
Schmetterling kaum erblickt hatten, „seht doch den schönen
Schmetterling, den müssen wir haben!" Gleich ging's mit
Hüten, Tüchern, Netzen und Händen hinter den Schmetter=
ling her [8], welcher auch endlich gefangen wurde, so sehr er
zu entwischen sich bemühte [9]. Ein Knabe brach ihm unvor=

1. Stehen bleiben, s'arrêter.
2. Den Ausspruch thun, se prononcer.
3. Sous-entendu hatte.
4. Es, sujet explétif, ne se traduit pas.
5. Wie sehr, combien.
6. Einen um etwas beneiden, envier quelque chose à quelqu'un.
7. In allen Stücken, sous tous les rapports.
8. Gleich ging's…hinter dem Schmetterling her, aussitôt la bande
se mit à poursuivre le papillon.
9. So sehr er sich bemühte, malgré ses efforts.

fichtig den einen Flügel beim Zugreifen [1] ab, und der andere drückte ihm das kleine Köpfchen ein [2]. Die Grille hatte alles mit [3] angesehen. „Ach!" sprach sie, „wenn diese Pracht und dieser Schimmer so viel Qual erregen kann, wie gut ist es, daß ich unbekannt und im Verborgenen [4] lebe!"

Meißner.

37. Der gute Mäher. — Le bon faucheur.

Früh ging ein Mäher mähen
Im Feld den reifen Klee;
Da schnitt er mit der Sense
Hart an [5] ein Nest — o weh!

D'rin lagen sieben Vög'lein,
Sie lagen nackt und bloß.
O könntet Ihr [6] schon fliegen,
Und wäret Ihr schon groß!

Dem Mäher that's so wehe;
Er sann wohl her und hin [7]:
Doch kam dem guten Mäher
Noch Hoffnung in den Sinn.

Er mähete bedächtlich
Weit um die Stelle her

---

1. Beim Zugreifen, en le saisissant.
2. Eindrücken, écraser.
3. Mit ne se traduit pas.
4. Im Verborgenen, dans l'obscurité.
5. Hart an...schneiden, effleurer (*littér.* faucher tout contre).
6. Könntet Ihr, comme wenn Ihr könntet.
7. Hin und her sinnen, se creuser la tête (*littér.* penser et repenser).

Und trug den Klee von dannen
Und störte da nicht mehr [1].

Die alten Vögel [2] flogen
Nun wacker ab und zu [3];
Sie fütterten die Kinder
In ungestörter Ruh'.

Bald wuchsen ihre Flügel,
Sie flogen froh davon;
Der Mäher aber fühlte
Im Herzen süßen Lohn.

Reinick.

38. Die Sternthaler. — Les étoiles changées en écus.

Es war einmal ein kleines Mädchen; dem war Vater und
Mutter gestorben, und es war so arm, daß es kein Kämmer=
chen mehr hatte, darin zu wohnen, und kein Bettchen mehr,
darin zu schlafen, und gar nichts mehr als die Kleider, die
es auf dem Leib trug, und ein Stückchen Brot, das es in der
Hand hielt und das ihm ein mitleidiges Herz [4] noch ge=
schenkt hatte. Es war aber gut und fromm. Und weil es so
von aller Welt verlassen war, ging es im Vertrauen auf [5] den
lieben Gott hinaus in's Feld; da begegnete ihm ein armer
Mann, der sprach: „Ach, gib mir doch etwas zu essen, ich
bin so hungrig!" Es reichte ihm das ganze Stückchen Brot
und sagte: „Gott segne dir's!" und ging weiter. Da kam

---

1. Und störte da nicht mehr, et ne dérangea plus la jeune famille.
2. Die alten Vögel, les parents.
3. Ab= und zufliegen, aller et venir en volant.
4. Ein mitleidiges Herz, une âme charitable.
5. Im Vertrauen auf..., pleine de confiance dans...

ein Kind, das jammerte und sprach: „Es friert mich so an [1] meinem Kopf; schenk' mir doch etwas, womit ich mich be= decken kann!" Da that es seine Mütze ab [2] und gab sie ihm. Und als es noch ein bißchen gegangen war, kam wieder ein Kind und hatte kein Leibchen an und fror; da gab es ihm seins; und noch weiter, da bat eins um ein Röcklein; das gab es auch von sich hin. Endlich kam es in einen Wald, und es war schon dunkel geworden [3]; da kam noch eins und bat um ein Hemblein, und das fromme Mädchen dachte: Es ist dunkle Nacht; da kannst du wohl dein Hemd weg= geben, und gab es auch noch hin. Und wie es so stand und gar nichts mehr hatte, fielen auf einmal die Sterne vom Himmel, und waren lauter harte, blanke Thaler, und ob es gleich sein Hemblein weggegeben [4], so hatte es ein neues an vom allerfeinsten Linnen. Da sammelte es sich die Thaler hinein, und ward reich für sein Lebtag [5].

Gebrüder Grimm.

39. Die Tollkirsche. — La belladone.

Ein Vater lustwandelte mit seinen Kindern, einem Kna= ben und einem Mädchen, durch einen jungen Wald. Die Kinder suchten Erdbeeren, die reichlich an [6] dem Wege und an den Gebüschen wuchsen.

Plötzlich hörte der Vater ein lautes Freudengeschrei der Kinder, und es wunderte ihn, was [7] sie gefunden hätten.

---

1. Es friert mich so an, 2c., j'ai si froid à la tête.

2. That...ab, de abthun, ôter.

3. Es war schon dunkel geworden, il faisait (*littér.* il était devenu) déjà sombre.

4. Sous-entendu hatte.

5. Für sein Lebtag, pour le reste de sa vie.

6. An, près de.

7. Es wunderte ihn, was..., il fut curieux de savoir ce que...

Er ging zu ihnen und sah, wie jedes Kind eine große, glänzend schwarze Beere, die wie eine Kirsche aussah, in der Hand hatte, sie anschaute und essen wollte. Aber der Vater nahm ihnen die Kirschen aus den Händen, warf sie auf die Erde und zertrat sie vor ihren Augen[1]. Darauf riß er die Pflanze aus der Erde und zertrat sie sammt den Kirschen, die noch daran hingen.

Da murrten die beiden Kinder und sahen voll Unmuth dem Vater zu. Dieser aber schwieg und ging weiter. Endlich fragten die Kinder und sprachen: „Warum hast du, Vater, die schöne Frucht zertreten und uns die Freude verdorben?" „Kinder," antwortete der Vater, „hättet ihr[2] diese Frucht gegessen, so wäre es euer beider Tod gewesen. Es war eine Tollkirsche, eine tödtliche Giftpflanze."

Da sahen die Kinder beschämt vor sich nieder[3] und dankten dem Vater und sprachen: „Lieber Vater, warum hast du uns das nicht gleich gesagt? Wir hätten dich dann nicht betrübt durch unser thörichtes Murren." Der Vater antwortete: „Eben euer Unmuth und euer Murren hat mich daran gehindert. Hätte ich euch denn gewehrt, die süßen und gesunden Erdbeeren zu pflücken? Jetzt wisset ihr, welche Freuden ich euch verbiete."

Krummacher.

40. Rothkäppchen. — Le petit chaperon rouge.

Es war einmal ein kleines liebes[4] Mädchen, die hatte Jedermann gern, der sie nur ansah, am allerliebsten aber

---

1. Vor ihren Augen, sous leurs yeux.
2. Hättet Ihr pour wenn Ihr hättet.
3. Vor sich nieder sehen, baisser les yeux.
4. Lieb, gentil.

ihre Großmutter [1], die wußte gar nicht, was sie alles [2] dem Kind geben sollte. Einmal schenkte sie ihm ein Käppchen von rothem Sammet, und weil ihm das so wohl stund [3], und es nichts anders mehr tragen wollte, hieß es nur das Rothkäppchen. Da sagte einmal seine Mutter zu ihm: „Komm, Rothkäppchen, da hast du ein Stück Kuchen und eine Flasche Wein, die bring der Großmutter hinaus; weil sie krank und schwach ist, wird sie sich dran laben [4]; sei aber hübsch [5] artig und grüß' sie von mir [6], geh auch ordentlich und lauf nicht vom Weg ab [7], sonst fällst du, und zerbrichst das Glas, dann hat die kranke Großmutter nichts."

Rothkäppchen sagte: „Ja, ich will alles recht gut ausrichten [8]," und versprach's der Mutter in die Hand [9]. Die Großmutter aber wohnte draußen im Wald, eine halbe Stunde vom Dorf. Wie nun Rothkäppchen in den Wald kam, begegnete ihm der Wolf; Rothkäppchen aber wußte nicht, was es für ein [10] böses Thier war, und fürchtete sich nicht vor ihm. „Guten Tag, Rothkäppchen," sprach er. — „Schönen Dank [11], Wolf." — „Wo willst du so früh hinaus [12], Rothkäppchen?" — „Zur Großmutter." — „Was

---

1. Aber ihre Großmutter hatte sie am allerliebsten, mais sa grand'mère l'aimait le mieux.
2. Alles ne se traduit pas.
3. Ihm so wohl stund, lui allait si bien.
4. Sich dran laben, s'en régaler.
5. Hübsch, bien.
6. Von mir, de ma part.
7. Vom Weg ablaufen, s'écarter du chemin.
8. Alles gut ausrichten, bien faire la commission.
9. In die Hand versprechen, promettre formellement.
10. Was für ein, quel.
11. Schönen Dank, grand merci.
12. Wo willst du hinaus? où veux-tu aller?

trägst du unter der Schürze?" — „Kuchen und Wein, für die kranke und schwache Großmutter; gestern haben wir ge=backen, da soll sie sich stärken." — „Rothkäppchen, wo wohnt deine Großmutter?" — „Noch eine gute Viertelstunde im Wald, unter den drei großen Eichbäumen, da steht ihr Haus, unten sind die Nußhecken [1], das wirst du ja wissen [2]," sagte Rothkäppchen. Der Wolf dachte bei sich [3]: Das junge, zarte Mädchen, das ist ein guter fetter Bissen für dich; wie fängst du's an [4], daß du den kriegst? Da ging er ein Weil=chen neben Rothkäppchen her, dann sprach er: „Rothkäpp=chen, sieh' einmal die schönen Blumen, die im Walde stehen, warum guckst du nicht um dich? Ich glaube, du hörst gar nicht darauf [5], wie die Vöglein so lieblich singen. Du gehst ja für dich hin [6], als wie zur Schule, und es ist so lustig haußen in dem Wald."

Rothkäppchen schlug die Augen auf [7], und als es sah, wie die Sonne durch die Bäume hin und hersprang [8] und alles voll schöner Blumen stund [9], dachte es: Ei! wenn ich der Großmutter einen Strauß mitbringe, der wird ihr auch lieb sein [10]; es ist noch zu früh, daß ich doch zu rechter Zeit [11] ankomme, — und sprang in den Wald und suchte Blumen. Und wenn es eine gebrochen hatte, meint' es, dort stünde

---

1. Die Nußhecke, le noisetier.
2. Das wirst du ja wissen, tu le sais sans doute.
3. Dachte bei sich, se dit (*littér.* pensa en lui-même).
4. Wie fängst du's an? comment t'y prendras-tu?
5. Darauf hören, écouter.
6. Du gehst für dich hin, tu t'en vas droit devant toi.
7. Die Augen aufschlagen, lever les yeux.
8. Hin= und hersprang, se jouait (*littér.* sautait de côté et d'autre).
9. Stund, était.
10. Der wird ihr lieb sein, cela lui fera plaisir.
11. Zu rechter Zeit, à temps.

noch eine schönere, und lief darnach und lief immer weiter in den Wald hinein. Der Wolf aber ging geradeswegs [1] nach dem Haus der Großmutter und klopfte an die Thüre. — „Wer ist draußen?" — „Das Rothkäppchen; ich bring' dir Kuchen und Wein, mache mir auf." — „Drück' nur auf die Klinke [2]," rief die Großmutter, „ich bin zu schwach und kann nicht aufstehen!" Der Wolf drückte an die Klinke und er trat hinein ohne ein Wort zu sprechen, geradezu an das Bett der Großmutter und verschluckte sie. Dann nahm er ihre Kleider, that sie an, setzte sich ihre Haube auf, legte sich in ihr Bett und zog die Vorhänge vor [3].

Rothkäppchen aber war herumgelaufen nach Blumen, und als es so viel hatte, daß es keine mehr tragen konnte, fiel ihm die Großmutter wieder ein [4], und es machte sich auf den Weg zu ihr [5]. Wie es ankam, stund die Thüre auf [6]; darüber verwunderte es sich, und als es in die Stube kam, sah's so seltsam darin aus [7], daß es dachte: Ei! du mein Gott, wie ängstlich wird mir's heute zu Muth [8], und bin sonst so gern bei der Großmutter. Drauf ging es zum Bett und zog die Vorhänge zurück, da lag die Großmutter und hatte die Haube tief ins Gesicht gesetzt [9], und sah so wunderlich aus. „Ei, Großmutter, was hast du für große Ohren!" — „Daß

1. Geradeswegs, tout droit.
2. Auf die Klinke drücken, presser le loquet.
3. Vorziehen, tirer, fermer.
4. Die Großmutter fiel ihm wieder ein, il se rappela sa grand'mère.
5. Es machte sich auf den Weg zu ihr, il se mit en route pour aller chez elle.
6. Stund auf, était ouverte.
7. Sah's so seltsam darin aus, elle avait un air si étrange.
8. Wie ängstlich wird mir's heute zu Muth, quelle inquiétude j'éprouve aujourd'hui !
9. Tief in's Gesicht gesetzt, rabattu sur le visage.

ich dich besser hören kann." — „Ei, Großmutter, was hast du für große Augen!" — „Daß ich dich besser sehen kann." — „Ei, Großmutter, was hast du für große Hände!" — „Daß ich dich besser packen kann." — „Aber, Großmutter, was hast du für ein entsetzlich großes Maul!" — „Daß ich dich besser fressen kann!" Und wie der Wolf das gesagt hatte, sprang er aus dem Bette und auf das arme Roth=käppchen, und verschlang es.

Wie der Wolf den fetten Bissen im Leibe hatte, legte er sich wieder ins Bett, schlief ein und fing an überlaut zu schnarchen. Der Jäger ging eben vorbei und dachte bei sich: Wie kann die alte Frau so schnarchen? Du mußt einmal nachsehen, ob ihr etwas fehlt[1]. Da trat er in die Stube, und wie er vor's Bett kam, so lag der Wolf darin, den er lange gesucht hatte. Nun wollt' er seine Büchse anlegen, da fiel ihm ein[2]: vielleicht hat er die Großmutter gefressen, und ich kann sie noch erretten, und schoß nicht, sondern nahm eine Scheere und schnitt dem schlafenden Wolf den Bauch auf. Wie er ein paar Schnitte gethan, da sah er das rothe Käpp=chen leuchten, und wie er noch ein wenig geschnitten, da sprang das Mädchen heraus und rief: „Ach, wie war ich erschrocken! was war's so dunkel in dem Wolf seinem Leib[3]!" und dann kam die Großmutter auch lebendig heraus. Roth=käppchen hatte aber große, schwere Steine, damit füllte sie dem Wolf den Leib, und wie er aufwachte, wollte er fort=springen, aber die Steine waren so schwer, daß er gleich nie=dersank und sich todt fiel[4].

---

1. Ob ihr etwas fehlt, si elle est souffrante, ce qu'elle a (*littér.* ce qui lui manque).

2. Da fiel ihm ein, il eut une idée (*littér.* il lui vint à l'esprit).

3. In dem Wolf seinem Leib, *familier pour* in dem Leibe des Wolfes.

4. Sich todt fallen, se tuer en tombant.

8.

Da waren alle drei vergnügt, der Jäger nahm den Pelz
vom Wolf, die Großmutter aß den Kuchen und trank den
Wein, den Rothkäppchen gebracht hatte, und Rothkäppchen
dachte bei sich: Du willst dein Lebtag [1] nicht wieder allein
vom Weg ab [2] in den Wald laufen, wenn dir's die Mutter
verboten hat.

41. Die Finger. — Les doigts.

Die Finger zankten hin und her [3],
Wer doch der wichtigste wohl wär'.
„Still da [4], der Stärkste, der bin ich!
Ihr seid nichts nütze [5] ohne mich.
Mehr als Ihr vier thu' ich allein;
D'rum muß ich Euer König sein."
So schrie der Daumen. Schon geringer [6]
Erhob die Stimm' der Zeigefinger:
„Die gröbsten und die feinsten Sachen
Kann ich allein am besten machen.
Der Fleißigste und Tüchtigste
Bin ich und d'rum der Wichtigste."
Der Mittelfinger rief: „Lernt Sitte [7]!
Als Herr steh' ich in Eurer Mitte.
Ich bin der Längste und der Größte
Und darum auch der Allerbeste."

---

1. Dein Lebtag, de ta vie.
2. Vom Weg ab, en t'écartant du chemin.
3. Zankten hin und her, disputaient à qui mieux mieux.
4. Still da, silence!
5. Nichts nütze, bon à rien.
6. Geringer, moins bruyamment.
7. Sitte lernen, apprendre la politesse.

Da sagte der Goldfinger: „Seht,
Ich merke, daß Ihr nichts versteht [1].
Mich schmücken Gold und Edelstein;
D'rum muß ich mehr als Ihr doch sein."
Der kleine Finger stille schwieg
Und mischte sich nicht in den Krieg [2].
Da riefen ihm die andern zu:
„Sprich doch! was nützest denn nur du [3]?"
Er sprach: „Geschaffen hat mich Gott,
Wie Euch, doch nicht zu Eurem Spott [4].
Der mich gebildet [5], wird auch wissen,
Wozu ich werde nützen müssen.
Er hat ja alles in der Welt
Auf [6] seinen rechten Platz gestellt.
Wer thut und leistet, was er kann,
Was Gott will, der hat recht gethan."
Die andern hörten, was er sprach,
Und dachten wohl darüber nach;
Still überlegten sie es sich [7]
Und sprachen dann einmüthiglich:
„Hast wahr gesprochen, lieber Kleiner;
Du bist so gut als unser einer [8]!"

Deutsches Lesebuch.

---

1. Ihr versteht nichts, vous n'y entendez rien.
2. Krieg, dispute (*littér*. guerre).
3. Was nützest du? à quoi sers-tu?
4. Zu euerm Spott, pour être un objet de risée pour vous.
5. Sous-entendu hat.
6. Auf, à.
7. Sich etwas still überlegen, méditer silencieusement quelque chose.
8. Unser einer, nous autres (*littér*. un de nous).

42. Alexander in Afrika. — Alexandre en Afrique.

Auf seinem Zuge, die Welt zu bezwingen, kam Alexander, der Macedonier, zu einem Volke in Afrika, das in einem abgesonderten Winkel in friedlichen Hütten wohnte, und weder Krieg noch Eroberer kannte. Man führte ihn in die Hütte des Beherrschers, um ihn zu bewirthen. Dieser setzte ihm goldene Datteln, goldene Feigen und goldenes Brod vor [1]. — „Esset ihr das Gold hier?" fragte Alexander. — „Nein, aber ich stelle mir vor," antwortete der Beherrscher, „genießbare Speisen hättest du in deinem Lande auch finden können. Warum bist du denn zu uns gekommen?" — „Euer Gold hat mich nicht hieher gelockt, sprach Alexander; aber Eure Sitten möchte ich kennen lernen." — „Nun wohl, erwiederte jener, so weile denn bei uns, so lange es Dir gefällt."

Indem sie sich unterhielten, kamen zwei Bürger vor Gericht. Der Kläger sprach: „Ich habe von diesem Manne ein Grundstück gekauft, und als ich den Boden durchgrub, fand ich einen Schatz. Dieser ist nicht mein; denn ich habe nur das Grundstück erstanden [2], nicht den darin verborgenen Schatz, und gleichwohl will ihn der Verkäufer nicht wieder nehmen." Der Beklagte antwortete: „Ich bin eben so gewissenhaft, als mein Mitbürger. Ich habe ihm das Gut, sammt allem, was darin verborgen war, verkauft, und also auch den Schatz." Der Richter wiederholte ihre Worte, damit sie sähen, ob er sie recht verstanden hätte; und nach einiger Ueberlegung sprach er: „Du hast einen Sohn, Freund?" — „Ja!" — „Und Du eine Tochter?" — „Ja!"

---

1. Setzte . . . vor, présenta, servit.
2. Erstanden, de erstehen, acheter.

— „Eure Kinder lieben sich?" — „O sehr!" — „Nun wohl! Dein Sohn soll Deine Tochter heirathen, und das Ehepaar den Schatz zum Heirathsgute [1] bekommen." Alexander schien betroffen. „Ist etwa mein Ausspruch ungerecht?" fragte der Beherrscher. — „O nein, erwiederte Alexander, aber er befremdet mich." — „Wie würde denn die Sache in Eurem Lande geschlichtet worden sein?" fragte jener. — „Die Wahrheit zu gestehen [2], antwortete Alexander, wir würden beide Männer in Verwahrung gehalten [3] und den Schatz für den König in Besitz genommen haben." — „Für den König? fragte der Beherrscher voller [4] Verwunderung. Scheint auch die Sonne auf jene Erde?" — „O ja!" — „Regnet es dort?" — „Allerdings!" — „Sonderbar! Gibt es auch zahme, krautfressende Thiere dort?" — „Von mancherlei Art." — „Nun, sprach der Beherrscher, so wird wohl das allgütige Wesen um dieser unschuldigen Thiere willen [5] in Eurem Lande die Sonne scheinen und regnen lassen. Ihr verdient es nicht."

Engel.

43. Der alte Spielmann. — Le vieux ménétrier.

Kommt, liebe Kinder, her zu mir
Und hört, was ich Euch singe.
Auch ich war einmal jung wie Ihr
Und lustig, guter Dinge [6]:

---

1. Das Heirathsgut, la dot.
2. Die Wahrheit zu gestehen, à dire vrai.
3. In Verwahrung halten, mettre en lieu de sûreté.
4. L'adjectif voll suivi d'un complément sans article prend ordinairement la terminaison er.
5. Um...willen, pour l'amour de...
6. Guter Dinge sein, être de bonne humeur.

Ich lacht' und sang
Und hüpft' und sprang
Gleich [1] einem Schmetterlinge.

Ich sang und spielte Tage lang
Auf meiner kleinen Geige,
Und endlich ging bei Spiel und Sang [2]
Die Jugend auf die Neige [3].
Nun bin ich alt
Und spiele halt [4],
Bis in das Grab ich steige.

Seht, ich bin nur ein armer Mann,
Hab' nichts als meine Lieder,
Nehm' jede Gabe dankbar an
Und zieh' von dannen wieder.
Ich spiele fort [5];
Von Ort zu Ort
Schlepp' ich die alten Glieder.

Doch hätt' ich [6] in der Jugendfrist
Nicht meine Zeit versungen,
Hätt' ich gelernt, was nützlich ist,
Und etwas mir errungen,
So könnt' ich nun
Gemächlich ruh'n.
Das ist mir nicht gelungen.

---

1. Gleich einem, à l'égal d'un, ainsi qu'un.
2. Bei Spiel und Sang, à force de jouer et de chanter.
3. Endlich auf die Neige gehn, tirer à sa fin.
4. Halt, hélas !
5. Fort spielen, continuer de jouer.
6. Hätt' ich *équivaut à* wenn ich hätte.

D'rum merkt's Euch, Kinder, lernet viel,
Nicht etwa nur zu singen,
Steckt Euch ein beff'res, höh'res Ziel [1]
Und sucht es zu erringen [2]!
Ja, glaubet mir,
Dann werdet Ihr
Es alle weiter bringen [3].

Lesebuch von Bumüller und Schuster.

44. Die neue Kundschaft. — Le client d'un nouveau genre.

Ein Wundarzt zu Paris hatte einen Freund, dessen Hund bei einem verfehlten [4] Sprunge das Bein brach. Aus [5] Gefälligkeit gegen seinen Freund nahm er den armen Schelm in die Kur [6] und heilte das Bein in kurzer Zeit. Nicht lange darauf sitzt der Arzt in seinem Zimmer und studirt. Auf einmal hört er an der Thüre etwas kratzen. Er steht auf, um nachzusehen, was da vorgehe. Er öffnet die Thür, und zu [7] seiner Verwunderung tritt der Hund herein, den er geheilt hat, aber nicht allein, sondern in Begleitung eines Patienten, eines andern Hundes nämlich, der auch das Bein gebrochen hat und seinem Kameraden mühsam nachgehinkt kommt [8]. Mit vielem Schmeicheln [9] gab der geheilte Hund seinem

---

1. Sich ein Ziel stecken, se proposer un but.
2. Erringen, atteindre.
3. Es weiter bringen, aller plus loin, arriver à mieux.
4. Verfehlt, maladroit, malheureux (*littér.* manqué).
5. Aus, par.
6. In die Kur nehmen, soigner, traiter.
7. Zu, à.
8. Nachgehinkt kommen, suivre en boitant.
9. Mit vielem Schmeicheln, par ses caresses.

Wohlthäter zu verstehen, daß er doch seinen Kameraden auch heilen möchte. Der gutmüthige Heilkünstler sagte: „Nun, diesmal will ich es wohl noch thun; aber ihr müßt[1] mir nicht zu oft kommen mit euern Angelegenheiten." Und er heilte den fremden Hund auch.

Schierhorn.

45. Die Sterne. — Les étoiles.

Und die Sonne machte den weiten Ritt[2]
Um die Welt,

Und die Sternlein sprachen: „Wir reisen mit[3]
Um die Welt;"

Und die Sonne, sie schalt sie[4]: „Ihr bleibt[5] zu Haus!
Denn ich brenn' euch die Aeuglein aus
Bei dem feurigen Ritt[6] um die Welt!"
Und die Sternlein gingen zum lieben[7] Mond
In der Nacht,

Und sie sprachen: „Du, der auf Wolken thront
In der Nacht,

Laß uns wandeln mit dir; denn dein milder Schein,
Er verbrennt uns nimmer die Aeugelein."
Und er nahm sie, Gesellen der Nacht.

---

1. Aber ihr müßt, 2c., mais il ne faut pas y revenir trop souvent (*littér.* mais il ne faut pas me venir trop souvent avec vos affaires).

2. Machte den weiten Ritt, tournait dans l'espace (*littér.* faisait sa vaste chevauchée).

3. Wir reisen mit *pour* wir wollen mitreisen.

4. Schalt sie, leur dit rudement.

5. Ihr bleibt, vous resterez.

6. Feuriger Ritt, course rapide.

7. Lieb, paisible (*ordin.* cher).

Nun willkommen [1], Sternlein und lieber Mond,
 In der Nacht!
Ihr versteht, was still in dem Herzen wohnt [2]
 In der Nacht;
Kommt und zündet die himmlischen Lichter an,
Daß ich lustig mitschwärmen [3] und spielen kann
In den freundlichen Spielen der Nacht!

E. M. Arndt.

46. Die Pfirsiche. — Les pêches.

Ein Landmann brachte aus der Stadt fünf Pfirsiche mit [4], die schönsten, die man sehen konnte. Seine Kinder aber sahen diese Frucht zum ersten Mal. Deshalb wunderten und freuten sie sich sehr über die schönen Aepfel mit den röthlichen Backen [5] und dem zarten Flaum. Darauf vertheilte sie der Vater unter seine vier Knaben, und eine erhielt die Mutter.

Am Abend, als die Kinder in das Schlafkämmerlein gingen, fragte der Vater: nun, wie haben Euch die schönen Aepfel geschmeckt [6]?

Herrlich, lieber Vater, sagte der Aelteste. Es ist eine schöne Frucht, so säuerlich und so sanft von Geschmack. Ich habe mir den Stein sorgsam bewahrt, und will mir daraus einen Baum erziehen.

---

1. Willkommen, soyez les bienvenues.

2. Was still im Herzen wohnt, les sentiments mystérieux qui remplissent le cœur.

3. Schwärmen, s'ébattre.

4. Brachte…mit, rapporta.

5. Mit den röthlichen Backen, aux belles couleurs rouges (*littér.* avec les joues rougeâtres).

6. Wie haben euch die schönen Aepfel geschmeckt? comment avez-vous trouvé les belles pommes?

Brav! sagte der Vater, das heißt[1] haushälterisch auch für die Zukunft gesorgt[2], wie es dem Landmann geziemt!

Ich habe die meinige sogleich aufgegessen, rief der Jüngste, und den Stein fortgeworfen, und die Mutter hat mir die Hälfte von der ihrigen gegeben. O das schmeckte so süß und zerschmilzt Einem[3] im Munde.

Nun, sagte der Vater, du hast zwar nicht sehr klug, aber doch natürlich und nach kindlicher Weise[4] gehandelt. Für die Klugheit ist auch noch Raum genug im Leben.

Da begann[5] der zweite Sohn: ich habe den Stein, den der kleine Bruder fortwarf, gesammelt und aufgeklopft. Es war ein Kern darin, der schmeckte so süß wie eine Nuß. Aber meine Pfirsich habe ich verkauft, und so viel Geld dafür erhalten, daß ich, wenn ich nach der Stadt komme, wohl zwölfe dafür kaufen kann.

Der Vater schüttelte den Kopf und sagte: klug ist das wohl, aber — kindlich wenigstens und natürlich war es nicht. Bewahre dich der Himmel, daß du kein Kaufmann werdest!

Und du, Edmund? fragte der Vater. — Unbefangen und offen antwortete Edmund: ich habe meine Pfirsich dem Sohn unsers Nachbars, dem kranken Georg, der das Fieber hat, gebracht. Er wollte sie nicht nehmen. Da habe ich sie ihm auf das Bett gelegt und bin hinweggegangen[6].

Nun! sagte der Vater, wer hat denn wohl den besten Gebrauch von seiner Pfirsich gemacht?

---

1. Das heißt, voilà ce qui s'appelle.
2. Für die Zukunft sorgen, songer à l'avenir.
3. Zerschmilzt einem, vous fond.
4. Nach kindlicher Weise, comme un enfant, à la façon d'un enfant.
5. Begann, dit (*littér.* commença).
6. Ich bin hinweggegangen, je m'en suis allé, je suis parti.

Da riefen sie alle drei: Das hat Bruder Edmund ge=
than! — Edmund aber schwieg still. Und die Mutter um=
armte ihn mit einer Thräne im Auge.

Krummacher.

47. Drei Paare und Einer. — Deux oreilles, deux yeux, deux mains et une bouche.

Du hast zwei Ohren und Einen Mund,
Willst du's beklagen?
Gar vieles sollst du hören, und
Wenig darauf sagen [1].

Du hast zwei Augen und Einen Mund,
Mach dir's zu eigen [2]!
Gar manches sollst du sehen, und
Manches verschweigen.

Du hast zwei Hände und Einen Mund,
Lern' es ermessen [3]!
Zwei sind zur Arbeit, und
Einer zum Essen.

Rückert.

48. Fließende Gewässer. — Eaux courantes.

Wenn ihr an einem Bache immer weiter hinaufgeht [4], so
wird er immer kleiner und kleiner, und endlich kommt ihr an
einen Ort, wo das Wasser aus der Erde hervorquillt. Das

---

1. Darauf sagen, répondre.
2. Mach dir's zu eigen, retiens bien ceci (*littér.* approprie-le-toi).
3. Lern' es ermessen, sache bien pourquoi (*litt.* apprends à le mesurer).
4. An einem Bache immer weiter hinauf gehen, remonter toujours davantage le long d'un ruisseau.

ist die Quelle des Baches. Geht Ihr an dem Bache wieder abwärts[1], so wird er immer größer und größer, weil bald auf der rechten, bald auf der linken Seite andere Bächlein hineinlaufen[2]. Endlich wird der Bach so groß, daß Ihr nicht mehr hindurchwaten könnt. Man nennt ihn nun einen Fluß. Aber auch der Fluß wird größer und größer, weil andere Bäche und Flüsse sich mit ihm verbinden[3]. Man baut große Brücken über ihn, fährt mit kleinen Schiffen und weiter unten sogar mit großen auf ihm hin. Der Fluß ist zu einem Strome geworden. Zuletzt laufen die Flüsse und Ströme in das Meer, von welchem überall die großen Erdtheile umgeben sind. Das Meer ist gewaltig groß, man kann wochenlang auf demselben fahren, ohne an ein Land zu kommen. Der Ort, wo der Fluß oder Strom sich in das Meer ergießt[4], heißt die Mündung des Flusses.

Berthelt.

49. Der Blinde und der Lahme. — L'aveugle et le paralytique.

Von ungefähr[5] muß einen Blinden
Ein Lahmer auf der Straße finden,
Und jener hofft schon freudenvoll,
Daß ihn der Andre leiten soll.

Dir, spricht der Lahme, beizustehen?
Ich, armer Mann, kann selbst nicht gehen.

---

1. Am Bache abwärts gehen, descendre le long du ruisseau.
2. Hineinlaufen, s'y jettent.
3. Sich mit ihm verbinden, se réunissent à lui.
4. Sich ergießen, se jeter.
5. Von ungefähr, par hasard.

Doch scheint's, daß du zu einer Last [1]
Noch sehr gesunde Schultern hast.

Entschließ du dich, mich fortzutragen,
So will ich dir die Stege sagen [2]:
So wird dein starker Fuß mein Bein,
Mein helles Auge deines sein.

Der Lahme hängt mit seinen Krücken
Sich auf des Blinden breiten Rücken:
Vereint wirkt also dieses Paar,
Was einzeln keinem [3] möglich war.

Gellert.

50. Die drei Schmetterlinge. — Les trois papillons.

Es waren einmal drei Schmetterlinge, ein weißer, ein rother und ein gelber, die spielten im Sonnenscheine, und tanzten [4] von einer Blume zu der andern. Und sie wurden es gar nicht müde [5], so gut [6] gefiel es ihnen. Da kam auf einmal der Regen und machte sie naß. Da flogen sie hin zu der gelb und roth gestreiften [7] Tulpe und sagten: „Tulipanchen, mache uns ein wenig dein Blümchen auf, daß wir hineinschlüpfen und nicht naß werden.“ Die Tulpe aber antwortete: „Dem Gelben und dem Rothen will ich wohl aufmachen, aber den Weißen mag ich nicht [8].“ Aber die

---

1. Zu einer Last, pour porter un fardeau.
2. Die Stege sagen, t'indiquer les chemins.
3. Einzeln keinem, à aucun des deux isolément.
4. Tanzen, voltiger (*littér.* danser).
5. Sie wurden es gar nicht müde, ils ne s'en fatiguaient pas du tout.
6. So gut, tant (*littér.* si bien).
7. Gelb und roth gestreift, rayé de jaune et de rouge.
8. Aber den Weißen mag ich nicht, mais quant au blanc, je n'en veux pas.

*

beiden, der Rothe und der Gelbe, sagten: „Nein, wenn du unsern Bruder nicht aufnimmst, so wollen wir auch nicht zu dir."

Es regnete aber immer stärker, und sie flogen zu der Lilie und sprachen: „Gute Lilie, mache uns dein Blümchen ein wenig auf, daß wir nicht naß werden." Die Lilie aber antwortete: „Den Weißen will ich wohl aufnehmen, denn er sieht gerade so aus wie ich, aber die anderen mag ich nicht." Da sagte der Weiße: „Nein, wenn du meine Brüder nicht aufnimmst, so mag ich auch nicht zu dir. Wir wollen lieber zusammen naß werden, als daß einer die andern im Stiche läßt [1]." Und so flogen sie weiter.

Allein die Sonne hinter den Wolken hatte gehört, wie die drei Schmetterlinge so gute Geschwister waren und so fest zusammenhielten [2]. Und sie drang durch die Wolken durch und verjagte den Regen, und schien wieder hell in den Garten und auf die Schmetterlinge. Es dauerte nicht lange, da hatte sie ihnen die Flügel getrocknet und ihren Leib erwärmt. Und nun tanzten die Schmetterlinge wieder wie vorher und spielten brüderlich, bis es Abend war.

1. Im Stiche lassen, abandonner.
2. Fest zusammenhalten, être étroitement unis.

TABLE DES MATIÈRES.

EXERCICES.

Articles et substantifs.

Le verbe.

MORCEAUX CHOISIS.

Classe de Huitième.

Classe de Septième.

GRAVURES.

Nancy, imprimerie Berger-Levrault et Ci.